ESTÉTICA FILOSÓFICA
PARA O ENSINO MÉDIO

COLEÇÃO **PRÁTICAS DOCENTES**

Fernando R. de Moraes Barros

ESTÉTICA FILOSÓFICA
PARA O ENSINO MÉDIO

autêntica

Copyright © 2012 Fernando R. de Moraes Barros
Copyright © 2012 Autêntica Editora

COORDENAÇÃO EDITORIAL DA COLEÇÃO PRÁTICAS DOCENTES
Maria Eliza Linhares Borges

CONSELHO EDITORIAL
Ana Rocha dos Santos (UFS)
Celso Favaretto (USP)
Juarez Dayrell (UFMG)
Kazumi Munakata (PUC-SP)

PROJETO GRÁFICO DE CAPA E MIOLO
Diogo Droschi

EDITORAÇÃO ELETRÔNICA
Conrado Esteves

REVISÃO
Maria do Rosário Alves Pereira

EDITORA RESPONSÁVEL
Rejane Dias

Revisado conforme o Acordo Ortográfico da Língua Portuguesa de 1990, em vigor no Brasil desde janeiro de 2009.

Todos os direitos reservados pela Autêntica Editora. Nenhuma parte desta publicação poderá ser reproduzida, seja por meios mecânicos, eletrônicos, seja via cópia xerográfica, sem a autorização prévia da Editora.

AUTÊNTICA EDITORA LTDA.

Belo Horizonte
Rua Aimorés, 981, 8º andar . Funcionários
30140-071 . Belo Horizonte . MG
Tel.: (55 31) 3214 5700

São Paulo
Av. Paulista, 2.073, Conjunto Nacional, Horsa I
11º andar, Conj. 1101 . Cerqueira César
01311-940 . São Paulo . SP
Tel.: (55 11) 3034 4468

Televendas: 0800 283 13 22
www.autenticaeditora.com.br

**Dados Internacionais de Catalogação na Publicação (CIP)
Câmara Brasileira do Livro, SP, Brasil**

Barros, Fernando R. de Moraes
   Estética filosófica para o ensino médio / Fernando R. de Moraes Barros. – Belo Horizonte : Autêntica Editora, 2012.
   (Coleção Práticas Docentes,1)

   ISBN 978-85-65381-06-2

   1. Estética 2. Filosofia 3. Educação 4. História da Filosofia I. Título. II. Série.

12-01288   CDD-111.85

Índices para catálogo sistemático:
    1. Estética : Filosofia 111.85
    2. Estética filosófica 111.85

APRESENTAÇÃO..7

INTRODUÇÃO
ESTÉTICA COMO DISCIPLINA FILOSÓFICA..13

CAPÍTULO 1
"ESTÉTICA" ANTIGA

    Objetivos do capítulo.. 27
    Platão: o Belo é o Bem... 27
    Aristóteles: natureza e imitação.............................. 35
    Sugestões de atividades... 47
    Textos complementares.. 48
    Sugestões de leitura e filme..................................... 49

CAPÍTULO 2
ESTÉTICA COMO CRÍTICA DO GOSTO

    Objetivos do capítulo.. 51
    Hume: gosto não se discute?................................... 51
    Kant: a singular universalidade do juízo estético........................ 59
    Sugestões de atividades... 73
    Textos complementares.. 74
    Sugestões de leitura e filmes.................................... 75

CAPÍTULO 3

ESTÉTICA DO IDEALISMO ALEMÃO

Objetivos do capítulo.. *77*
Schelling: na arte, a filosofia.................................... *77*
Hegel: a bela aparência do espírito......................... *83*
Sugestões de atividades.. *90*
Textos complementares.. *91*
Sugestões de leitura e filme..................................... *92*

CAPÍTULO 4

A IDEIA REENCONTRADA E O GÊNIO POR UM TRIZ

Objetivos do capítulo.. *93*
Schopenhauer: a Ideia reencontrada..................... *93*
Nietzsche: o gênio por um triz............................... *102*
Sugestões de atividades.. *113*
Textos complementares.. *113*
Sugestões de leitura e filme..................................... *114*

CAPÍTULO 5

DO LIVRO ÀS TELAS, DA ACADEMIA AOS TRÓPICOS

Objetivos do capítulo.. *115*
Luz, câmera, ação: a Estética vai ao cinema........... *115*
Yes, nós temos Estética... *126*
Sugestões de atividades.. *134*
Textos complementares.. *135*
Sugestões de leitura e filme..................................... *136*

REFERÊNCIAS.. *137*
LISTA DE FIGURAS.. *142*

APRESENTAÇÃO

Como diz o velho ditado, "não se pode contentar a todos"... E, de fato, o presente livro há de desapontar aqueles que esperam encontrar em suas páginas um relato sobre a essência "íntima" da beleza. Se tencionasse empreender uma investigação sobre aquilo que pretende valer como o belo verdadeiro e eterno, seu teor seria inteiramente outro. Nesse caso, seria preciso afirmar uma espécie de objetivo universal e imutável de todas as artes. Mais até. Tratar-se-ia de descrever vivências singulares e estados existenciais capazes de expressar o que se passa conosco, quando nos achamos diante daquilo que se nos aparece como indescritivelmente gracioso. Não é esta, porém, a intenção que aqui se persegue.

O propósito por nós almejado consiste em caracterizar algumas das correntes filosóficas que, ao longo da história, detiveram-se na análise dos múltiplos sentidos conferidos à arte, bem como à sensibilidade artística em geral. Daí, o título: *Estética filosófica para o ensino médio*. Divididos em momentos que indicam uma articulação cronológica, os capítulos que se seguem partem da Atenas socrática (470-399 a.C.), período áureo que marca o despertar da filosofia como "conhecimento de si", e encerram-se com alguns exemplos da reflexão estética promovida no decurso do último século em solo brasileiro – divisão esta que se deve aos limites, afinal de contas intransponíveis, de toda abordagem histórica. No fundo, o objetivo foi o de refazer, na medida do possível, o processo de constituição da Estética enquanto disciplina filosófica, mas também, e sobretudo, como visão de mundo

– inseparável de nossa maneira de sentir e pensar. E, ainda que tal exigência teórica não seja levada ao pé da letra, o autor deste escrito dar-se-á por satisfeito se conseguir, ao menos, estimular os professores a reconhecer algumas das etiquetas que se colaram, ao longo dos séculos, à expressão "obra de arte" – despertando, a partir daí, a vontade e a curiosidade de seus alunos. Aos leitores avessos ou desacostumados ao jargão filosófico, pedimos aqui paciência – e, quando não, desculpas. Às vezes será preciso violentá-los, por assim dizer, com o vocabulário técnico e crítico da filosofia, repleto de neologismos e termos da família do "em si": "objetidade", "para si", "ser-para-si", etc. Também ocorrerá, vez ou outra, que algumas descrições do fenômeno artístico apareçam travestidas de um sentido "ideal", "metafísico" e, não raro, "incomunicável". Mas, dificuldades de leitura à parte, não seria demais pedir, ao mesmo tempo, um pouco de condescendência e tolerância.

Vale lembrar que muitas ponderações sobre a arte foram realizadas em épocas e regiões em que as pessoas não tinham "veículos" – periódicos, jornais, revistas, redes sociais, etc. – para falar especificamente a seu respeito; com frequência, os pensadores referiam-se a obras as quais nunca haviam visto com os próprios olhos, fiando-se apenas num conhecimento de segunda mão. A maioria dos filósofos não conheceu, pois, a reprodução massiva de catálogos e vídeos sobre a vida dos grandes pintores e compositores. Antigo instrumento de veneração, a criação artística ainda se achava investida, até o início do século XIX, de certo poder "encantatório". E não só. Feita para ser contemplada no museu, exigia que os espectadores comuns atravessassem grandes distâncias para apreciá-las, o que faziam a cavalo, ou, na melhor das hipóteses, de carona na charrete dos correios...

Por isso mesmo, sugerimos que os professores levem seus alunos a se indagarem, diante de um impactante quadro ou da escuta de uma delicada peça musical, se possuem tanta certeza de estarem lidando com um objeto qualquer, tal como os demais. O senso comum e a experiência prática são extremamente bem-vindos, quando se trata de dissipar a futilidade e as observações vazias. Mas, tratando-se das hipóteses globais de interpretação da arte – desse universo no qual "aparência" e "realidade" quase sempre se confundem –, quem poderia dizer, com inabalável convicção, que a busca de sentido é um mero devaneio? Muitas vezes, à força de criticarmos o abstracionismo em nome da funcionalidade, acabamos subordinando a atividade reflexiva a interesses superficiais. E, com isso, como já dizia Antonio Candido, chegamos "ao vício contrário e muito mais grave para o pensamento, que é a submissão da especulação ao capricho das situações contingentes, sob pretexto de fazer a inteligência servir" (CANDIDO, 2002, p. 261).

Entre outras coisas, veremos que a famigerada finalidade sem fim da obra de arte não pretende satisfazer-nos com inutilidades, mas, ao contrário, possibilitar que nossa satisfação seja verdadeiramente realizada – a despeito de todos os aparelhos e produtos "úteis" que nos são impostos sempre e cada vez mais. Na arte, vale lembrar, a falta de serventia não é motivo de vergonha e tampouco sinônimo de conformismo, no sentido de uma aceitação impensada do existente, daquilo que aí está. O que é preciso não é suprimir a reflexão sob o pretexto de assegurar, às coisas, uma certa utilidade, mas refletir sobre a dimensão em que nos é dado transcender toda e qualquer função específica. Eis, em nosso entender, a efetiva tarefa da estética filosófica: desonerar o raciocínio de funções cognitivas fixas, "bitoladas", presas a um só modo de pensar. Num mundo em que a educação é cada vez mais determinada pelas necessidades mercadológicas, onde a preocupação com a formação autônoma do espírito humano cede terreno à instrução técnica e apressada, tal prática reflexiva pode ser extremamente bem-vinda ao ensino médio, na medida mesma em que promove um trabalho linguístico-social solidário e desinteressado, preservando as potencialidades intelectuais de suas atribuições atomizadas e fragmentadoras, libertando-as de toda especialização mesquinha e sufocante.

Sempre em aberto, o ideal formativo preconizado pela investigação estético-filosófica também não é sem consequência para o professor, isto é, àquele que, na qualidade de agente/ator de práticas de ensino, pode dar ensejo a novos interesses e campos imprevistos do saber. Porque é um fim em si mesmo, sem se confundir com um treinamento vocacional voltado a uma ocupação previamente delimitada, a educação estética requer um tipo de professor capaz de pensar a totalidade das disciplinas curriculares, concebendo-as como uma meta-obra de arte orgânica e coletiva, apta a englobar as mais díspares formas de pensar, sentir e falar. Mas, se a atividade em questão não deve restringir-se ao aspecto imediato e particular de um dado problema, nem por isso ela se acha apartada das preocupações concretas daqueles a que se dirige. Tendo isso diante dos olhos, ao professor de estética filosófica cabe igualmente mostrar como os conceitos e noções por ele explicitados participam da vida comum, das "pequenas coisas" que cruzam o nosso dia a dia. A discussão que ele conta promover em sala de aula deve, pois, impelir à abstração por uma necessidade interna e vital, decorrente da integração de opiniões distintas e, não raro, contraditórias.

Discutir é, porém, entabular um diálogo com o outro, referi-lo a si próprio e pôr em dúvida o que foi dito a partir dessa relação de "mão dupla". Tomamos mais consciência daquilo que pensamos refletindo sobre o que o outro pensa, já que este torna explícito justamente o que não nos foi dado pensar, ou seja, o debate, o trabalho em conjunto, ao invés de dissipar o desenvolvimento individual, contribui para seu fortalecimento, revelando-se como uma condição privilegiada para um aprimoramento simultaneamente singular e coletivo. Com vistas não apenas às aulas expositivas, mas também à organização formal de um debate que leva em conta a relação entre indivíduo e grupo, sugerimos aqui um "modelo" de trabalho – bastante hipotético e certamente maleável – dividido em quatro momentos distintos, cuja aplicação específica será indicada, detalhadamente, ao final de cada capítulo:

 Num primeiro momento, em tom mais descritivo, o professor pode desenvolver uma apresentação articulada do assunto a ser abordado. Na prática, isso equivale a expor o conteúdo conceitual de cada capítulo, tornando inteligível o pensamento dos autores abordados, colocando em evidência suas respectivas definições de arte, apresentando seus pressupostos e exibindo, sobretudo, o horizonte hermenêutico mais amplo em que cada filosofia se insere, isto é, seu contexto propriamente dito.

B Passada essa etapa – cuja duração decerto irá variar conforme cada turma –, cumpre dar prosseguimento à atividade de leitura de texto, a qual tornará o posterior debate efetiva e materialmente possível. Para tanto, são oferecidos, no fim de cada capítulo, exemplos seminais: os chamados "Textos complementares". Longe de pretender esgotar o sentido das ideias apresentadas, tais extratos ou passagens de texto apenas visam a condensar em máxima medida a concepção básica defendida pelos seus respectivos autores. Nesse estágio, mais individual, sugere-se que o professor convide os alunos à leitura dos fragmentos selecionados. É de bom tom lembrar-lhes que o interesse dos textos filosóficos decorre, em especial, da qualidade e do caráter inovador dos pensamentos que eles veiculam. Convém, neste momento, pedir para que os leitores sublinhem as palavras e os vocábulos que lhes pareçam "estranhos", anotando-os, de acordo com a demanda, no quadro. A essa altura, o professor deve colocar-se à disposição dos alunos como uma espécie de "dicionário vivo", capaz de acessar o vocabulário técnico e crítico da filosofia, mas também de exemplificar aquilo que o léxico filosófico se limita a descrever abstratamente, dando-lhe uma aparência mais objetiva, sensificando-o para os alunos.

C Constatado então aquilo que "se passa" no texto oferecido à leitura, isto é, depois de ter ficado minimamente claro como ele articula suas ideias, empreende-se a tentativa de discuti-lo em conjunto. Sugere-se, aqui, que a turma seja dividida em pequenos grupos – cujo número de integrantes pode ser "restrito", mas não "fechado", "predeterminado", achando-se marcado também por afinidades pessoais, conjuntura e disposição espacial de cada sala. Ao contrário do momento anterior, espera-se, agora, que o professor incentive o aluno a "sair" do texto, interrogando-o e revelando seus possíveis não ditos. Concedido um certo tempo para que cada grupo estabeleça suas associações, criando e assumindo – ainda que provisória e unilateralmente – um dado posicionamento frente ao texto, deseja-se que cada equipe manifeste sua visão de conjunto mediante uma espécie de "porta-voz", dando a conhecer suas múltiplas e distintas interpretações.

D Por fim, visando à troca de ideias entre os grupos e o professor, sugere-se uma rodada geral de ponderações, em que são esperadas impressões globais e, não raro, livres associações. Nessa última etapa, menos textual e mais ligada ao "ver" e "ouvir", convém fazer circular as imagens selecionadas livro adentro e explorar, sobretudo, os filmes indicados ao final de cada capítulo.

As implicações mais gerais dessa sugestão de atividade de análise e comentário de texto servirão de estofo às demais abordagens, de sorte que, como um tipo de "bagagem", os conteúdos apreendidos em cada sessão de trabalho poderão ser reutilizados em discussões posteriores, ainda que cada capítulo possa e deva ser tomado à luz de registros particulares. O mais relevante, no entanto, para aquilo que nos interessa, é despertar a curiosidade daqueles que, de bom grado, colocam-se à escuta do que a estética filosófica tem a nos dizer.

O ensino de tal disciplina não há de torná-los mais "refinados" e tampouco mais "artísticos", mas os preparará para receber noções sutis e impulsos à criação, às respostas inventivas. Como a invenção do próprio artista, o ensino e o aprendizado da estética não são bens que "possuímos", ou, então, que podemos "adquirir" por meio de uma soma determinada de moedas. Mas algo é certo. Uma vez captado e vivenciado, o saber estético-filosófico já não poderá ser facilmente rechaçado. Mais próximo de uma maneira de ser, ele remete preferencialmente àquilo que somos, e não àquilo que contamos ter. Imaginar a educação como uma atividade cultural e criativa implica, ademais, reconhecer que o conhecimento é um patrimônio da humanidade, cujo pleno acesso deve ser assegurado a todos os "candidatos ao saber", ontem, hoje e amanhã – e, quiçá, depois do amanhã...

INTRODUÇÃO
ESTÉTICA COMO DISCIPLINA FILOSÓFICA

Quem não se recorda, quando da primeira visita ao museu, de advertências tais como: "Cuidado! Não toque em nada. São obras de arte!" Contempladas em seu ambiente austero e venerável, as belas obras parecem evocar, a um só tempo, respeito e inquietação. Por isso, em sua presença, quem de nós também nunca se perguntou: o que é o Belo? Ou então: existe um padrão do gosto? Ou ainda: pode haver uma filosofia da arte? O que é, afinal de contas, a Estética? Que disciplina é esta, em prol da qual tantos teóricos se propõem a escrever livros e mais livros? Antes de ensaiar uma possível resposta a essas intrincadas perguntas, talvez fosse mais prudente – e até mesmo necessário – conceder, desde logo, a palavra a um grande artista. Assim é que, por ocasião de uma exposição de seus desenhos (Figura 1), Henry Matisse pondera sobre quatro autorretratos:

> Dentre os desenhos que, com muito zelo, selecionei para esta exposição, há quatro – talvez, porta-retratos – de meu próprio rosto contemplado num espelho. Gostaria de chamar a atenção dos espectadores, em especial, para eles.
>
> A mim me parece que tais desenhos condensam a inteira concepção que tratei de aprofundar, ao longo dos anos, acerca da essência do desenho; trata-se da experiência segundo a qual tal essência não depende nem de uma cópia exata das formas preexistentes na natureza nem da paciente reunião de detalhes meticulosamente observados, senão que do profundo sentimento do artista diante do objeto por ele escolhido, ao qual dirige

toda sua atenção e em cuja essência penetrou. [...] Os quatro desenhos em questão são do mesmo sujeito, embora a caligrafia de cada um deles revele uma aparente liberdade da linha, do contorno, bem como do volume. [...] Trata-se, de fato, do mesmo homem, um atento espectador da vida e de si mesmo. Assim, a inexatidão anatômica e orgânica não prejudicou em nada o núcleo essencial e a verdade inerente ao ser humano exposto nestes desenhos, mas, ao contrário, contribuíram à sua clareza. [...]

L'exactitude n'est pas la vérité [A exatidão não é a verdade] (MATISSE, 2007, p. 124-127).

FIGURA 1.
Quatro autorretratos de Henri Matisse (1869-1954), de 1939.

HENRI-ÉMILE-BENOÎT **MATISSE** (1869-1954) foi um escultor, desenhista, gravurista e pintor francês conhecido, em especial, pela vivacidade de suas cores e pela majestade simples de seu traçado. Influenciado pelo fauvismo (do francês *les fauves*: "as feras"), mas sem perder de vista a dimensão clássica da pintura francesa, visava à máxima expressão pictórica a partir do mínimo de perturbação, o que resultava, em geral, num equilíbrio visual entre tensão e serenidade. ■

Voltando agora nossos holofotes em direção ao termo grego *aísthesis*, que significa justamente "percepção", "sensação", e, num registro ainda mais amplo, "sentimento", talvez nos seja dado obter um dos primeiros sentidos de que se revestiu a palavra "estética". Implicando a confluência de impressões sensíveis elementares, o vocábulo não tardou a assumir uma acepção vaga e imprecisa, tendo sido usado, muitas vezes, como sinônimo de indeterminação. E nem poderia ser muito diferente, já que nosso sentir, naturalmente desgarrado e indelineável, não se deixa comunicar com facilidade e precisão. É legítimo dizer que temos palavras para descrever um susto no momento exato em que somos assustados? É certo que não. De sorte que a dimensão estética do mundo tampouco depende, para instaurar o campo de suas representações, da absoluta clareza e distinção dos objetos. Tanto é assim que, nos desenhos acima mencionados, a parte superior do semblante de Matisse mantém certa semelhança estrutural nas quatro versões em que é representado, mas, na porção inferior, do nariz para baixo, os retratos diferem nitidamente em termos de suas linhas e limites. Isso não nos conduz, porém, a nenhuma confusão. Ao contrário, inclusive. À sua maneira, cada uma das imagens absorve e revela um justo sentimento de existência, participando, em seu conjunto, do destino da mesma personagem. Daí a exatidão não constituir, no entender do pintor francês, o principal critério acerca da "verdade".

O mais acertado seria dizer que, com a arte, logramos uma clareza ampla e extensiva, a qual não deriva de uma mera somatória de pontos isolados e tampouco da observação microscópica do mundo que nos cerca. Porque nos dá a conhecer uma totalidade, a percepção das formas artísticas não parte, tal como um quebra-cabeça, de elementos

---

Nascido em 1928, em Mödrath, perto da cidade alemã de Colônia, e falecido em 2007, em Kürten, **KARLHEINZ STOCKHAUSEN** desponta, ao lado de outros, como um dos mais ousados e importantes compositores da música contemporânea. Conhecido pelo incansável espírito de investigação e pelo ímpeto à experimentação, teve seu nome associado às músicas "pontilhista" e "concreta", chegando a introduzir, inclusive, helicópteros na abertura de uma de suas contundentes peças: *Quarteto de cordas e helicópteros*. ∎

dispersos e justapostos. Embora o olfato, o paladar e a audição nem sempre acompanhem a imediatez do tato e a distinção da visão, nem por isso o toque e o olhar são mais "objetivos" do que os ditos sentidos internos. O "ver para crer" faria parte, em verdade, de uma sociedade dominada pelo visual, e não de um déficit das demais modalidades de recepção sensorial. E aqui é preciso conceder a palavra aos músicos, os quais, muitas vezes vitimados pelo império do visível, queixam-se de bom grado. "Desde a imprensa", assevera o compositor Karlheinz Stockhausen, "nos tornamos verticalizados, e nossas percepções ficaram dominadas pelo visual" (MACONIE, 2009, p. 90). Associado a um mundo anterior ao hábito da leitura, o ouvido terminou por ser apressadamente identificado, para o seu desaproveito, com um estado espiritual arcaico, próprio à escuridão das florestas e às sombras da incipiente pré-história humana, convertendo-se num meio mais "primitivo" do que a visão. Como dirá Hanns Eisler, outro pregnante compositor alemão: "O ouvido é simplesmente algo arcaico, embrutecido [...] De algum modo, constitui uma lembrança da condição própria à antiga coletividade, há centenas de anos [...] O olho é muito mais ágil" (EISLER, 2007, p. 128).

Dificilmente nos seria dado, porém, separar o timbre de um instrumento musical do material a partir do qual ele é construído;

HANNS EISLER (1898-1962) foi, decerto, um dos mais ativos compositores do século XX. Aluno de Arnold Schönberg, a partir de 1928 passou a colaborar diretamente com as criações de Bertolt Brecht. Além da monumental *Sinfonia alemã* (1935-1957), compôs inúmeras canções, cantatas, peças orquestrais e músicas de teatro. Em 1947 escreveu, junto com Theodor W. Adorno, o escrito teórico *Komposition für den Film* [*Composição para o filme*]. ■

Autor da célebre *Fenomenologia da percepção* (1945), Maurice **MERLEAU-PONTY** (1908-1961) foi um filósofo francês. Ao longo de seu pregnante itinerário intelectual, esforçou-se continuamente para redimensionar a relação entre natureza e consciência; opondo-se à visão naturalista, a qual explica a atividade humana a partir de uma causalidade que lhe é exterior, mas também, ao mesmo tempo, ao posicionamento criticista, o qual tenciona explicar os fenômenos apenas à luz da interioridade, procurou descerrar uma "terceira dimensão", para caracterizar nossa vida consciente. ■

assim como não nos seria facultado distinguir a cor de um dado objeto sem atentar, ao mesmo tempo, para a matéria que o constitui. Afinal, como indaga Maurice Merleau-Ponty – autor que iremos reencontrar na última etapa de nosso itinerário –: "Como poderíamos definir exatamente a cor de um objeto sem mencionar a substância de que é feito, como, por exemplo, a cor azul deste tapete, sem dizer que é um 'azul lanoso'?" (MERLEAU-PONTY, 1983, p. 106). Trabalhando em conjunto, os sentidos operariam, no fundo, por transitividade, estabelecendo um consórcio entre as atividades que compõem a vida sensorial. Todavia, é precisamente aqui que surge a primeira dificuldade daquele que tenciona justificar uma *reflexão filosófica* sobre a arte; pois, em rigor, "refletir" significa separar, dividir, ou, para utilizar um léxico condizente com a física, provocar o retorno de um determinado feixe de luz fazendo-o incidir sobre uma superfície que o isola de um outro meio. E, para aquilo que nos importa, basta lembrar que tal retorno equivale à volta do pensamento sobre si mesmo, momento em que, ao separar os objetos de suas respectivas intuições, o ser humano põe-se em contradição com o mundo exterior, dando "o primeiro passo em direção à filosofia" (SCHELLING, 2001, p. 39), tal como nos lembra Schelling – outro pensador que nos acompanhará no terceiro capítulo. Mas, se a reflexão separa aquilo que a arte une, como legitimar a especulação estético-filosófica?

Já no início de nosso percurso, veremos que essa dúvida é tão antiga quanto a própria filosofia, achando-se presente desde

---

Famoso por empreender uma luta sem trégua contra a separação entre arte e natureza, F. W. J. **SCHELLING** (1775-1854) foi um filósofo alemão que se tornou conhecido, sobretudo, como um dos patronos do *Idealismo alemão* – exercendo, de resto, uma enorme influência junto à posteridade mediante a análise "simbólica" dos problemas filosóficos. Sua "filosofia da arte" será um dos objetos de nosso terceiro capítulo. ∎

Mais célebre discípulo de Sócrates, **PLATÃO** foi um filósofo e matemático grego, autor dos mais importantes diálogos teórico-especulativos da Antiguidade. Fundador da Academia de Atenas, sua cidade natal, nasceu em 428 ou 427 a.C. e faleceu em 348 ou 347 a.C., tendo vivenciado, portanto, o período final do chamado "século de ouro" da cultura grega. ∎

seu despertar. E há razões suficientes para tanto. Se, para a tradição, o filósofo é aquele que torna pensável tudo o que o rodeia, isso se deve sobretudo ao fato de ele não se ater àquilo que se lhe apresenta diretamente aos sentidos, senão que a uma suposta essência simples e completa das coisas, anterior ao que ele vê e escuta. Sob tal ótica, a beleza de um espetáculo teatral não resultaria daquilo que efetivamente ocorre sobre o palco, mas de algo inaudível e invisível, a saber: do "belo em si". Daí a advertência contida n'*A República de Platão* – protagonista de nosso primeiro capítulo: "Os amadores de sons e de espetáculos [...] deleitam-se com as belas vozes, as cores e as formas belas e todas as obras trabalhadas com perfeição; porém, são de entendimento incapaz de perceber e de amar a natureza do belo em si" (PLATÃO, 2000, p. 268). Não por acaso, aqueles que se deixam levar apenas pelos sentidos ficariam, segundo o filósofo grego, "deslocados entre os filósofos" (p. 267). A diferença básica estaria na atitude destes últimos diante das imagens que lhes são apresentadas. Em vez de tomarem a representação artística "pela própria coisa com a qual ela se parece" (p. 268), concebem-na, ao contrário, como um tipo de ícone de algo eterno e previamente definido. E o artista, exposto a toda sorte de estímulo imagético, não faria senão exercer o papel do "sofista" admirável, o qual, munido de um espelho, copiaria indiscriminadamente tudo o que o cerca. E, nesse sentido, não passaria de um charlatão e imitador, alguém que consideramos sábio universal apenas pelo fato de sermos incapazes "de fazer a distinção entre o conhecimento, a ignorância e a imitação" (p. 438).

As coisas, porém, não são tão simples assim. Platão, como descobriremos, está longe de ser um simples "inimigo" da arte. Aliás, esta última designa um âmbito em que contradição entre razão e sensibilidade já deveria, ao menos em princípio, estar suspensa; pois, assim

---

Professores de retórica, os "sofistas" percorriam as cidades gregas para divulgar – em verdade, para vender – seu saber, educando os futuros cidadãos "pela palavra". Pertencentes ao século V a.C., seus principais representantes foram **HÍPIAS** de Élis, **TRASÍMACO** de Calcedônia, **GÓRGIAS** de Leontino e **PROTÁGORAS** de Abdera. ■

como a atividade abstrata do pensamento sempre se dá num indivíduo de carne e osso, a produção artística seria inconcebível sem um mínimo de suporte sensível, por mais tênue e efêmero que este venha a ser. Ponto de convergência de diferentes figuras e volumes, a obra de arte promove operações sensoriais cujo efeito nos impele a uma atividade reflexiva diferente, pressupondo o trabalho coletivo da percepção, mas sem abrir mão, por isso, da atividade intelectual. Se a contemplação de imagens frequentemente nos faz "viajar", desviando-nos, digamos, de nossa concentração, nem por isso uma bela tela é incompatível com o trabalho conceitual. E há de se convir: de que serviriam as artes se, além dos sentidos, elas também não desafiassem o pensamento? No fundo, a arte constitui uma esfera à qual não se aplica a distinção escrupulosa entre "pensar" e "perceber", de sorte que, para experimentá-la, cumpre retomar as categorias tradicionais da filosofia a partir da própria concretude das obras. Afinal, como vimos, a abstração de si não obrigou Matisse a extirpar as curvas anatômicas que, por si mesmas, prestaram testemunho de sua singularidade e **ipseidade**. Ou seja: em vez de deturparem a "essência" do ser humano exposto em tais desenhos, as componentes sensíveis "contribuíram à sua clareza" (MATISSE, 2007, p. 139).

O característico de uma imagem material – quadro, desenho, fotografia, etc. – não é o fato de ela não ser perceptível tal como a coisa "real" que ela torna representável, mas de ser efetivamente percebida a despeito de sua irrealidade. E, sob esse prisma, contemplar um quadro

> **GLOSSÁRIO**
>
> **IPSEIDADE**: aquilo que faz com que um indivíduo seja ele mesmo e se diferencie dos demais como o conjunto de todas as propriedades únicas que o caracterizam. ∎

Matemático e filósofo alemão, Edmund **HUSSERL** (1859-1938) tornou-se atuante, sobretudo, como fundador da *fenomenologia*; exortando a um novo "retorno às coisas", esta última representa uma espécie de ponto de inflexão que modifica, em definitivo, o rumo da trajetória até então seguida tanto por realistas quanto por idealistas – guinada metodológica que terminou por ser chamada, pelo próprio Husserl, de "redução fenomenológica". ∎

é mover-se num tipo de paradoxo, pois, por maior que seja sua magia, é sempre no espaço e diante de nossos olhos que o objeto pictórico se expõe. Se o efeito ilusório da figura retratada parece destoar daquilo que captamos, digamos, mediante a percepção "habitual" – como, por exemplo, a moldura, a tinta, o papel, etc. –, a inexistência do sujeito imagético não nos dá o direito de reduzi-lo a uma pura fantasmagoria. No âmbito das artes, a ficção é uma ficção perceptiva, e não uma mera invenção fabulosa, privada de realidade e conteúdo. Como dirá Edmund Husserl, ao comentar a gravura *O cavaleiro, a morte e o diabo* (Figura 2), de Albrecht Dürer:

> Suponhamos que estamos a contemplar a gravura de Dürer "O Cavaleiro, a Morte e o Diabo".
>
> O que distinguiremos? Primeiramente, a percepção normal cujo correlato *é a coisa "placa gravada"*, a placa que está aqui, dentro da moldura.
>
> Em segundo lugar, temos a consciência perceptiva na qual se nos aparecem, em traços negros, os figurinos incolores: "Cavaleiro

---

Filho de um ilustre ourives húngaro, Albrecht **DÜRER** nasceu em Nuremberg, em maio de 1471. Ainda menino, revelou um enorme talento para o desenho, quando começou, como aprendiz, no ateliê de Michael Wolgemut, em 1486. A fim de expandir o horizonte de experiências consigo mesmo e com a arte, realizou uma série de viagens. Da Baileia, na Suíça, cruzou os Alpes rumo ao norte da Itália. Suas gravuras desse período deixam transparecer íntimas ligações com obras de autores italianos tais como, por exemplo, Mantegna, Pollaiuolo e Lorenzo de Credi. Em 1495, volta à sua cidade natal, retornando à Itália somente dez anos mais tarde. Passa, então, um ano em Veneza, onde vive até que, em 1507, regressa uma vez mais a Nuremberg, lá permanecendo até 1520. Nunca deixou, porém, de relacionar-se com seus confrades italianos e, sempre que podia, trocava desenhos com Rafael. Morreu em sua cidade natal, em abril de 1528. ∎

Filósofo e escritor brasileiro, Gerd **BORNHEIM** (1929-2002) foi aluno de Jean Wahl e Jean Hyppolite, tendo sido um dos principais responsáveis pela recepção da obra de Martin Heidegger no país. Esteta de corpo e alma, destacou-se, em especial, por escritos fundamentais sobre o teatro – como, por exemplo, *Brecht: a estética do teatro*. A ele dedicaremos parte de nosso último capítulo. ∎

a cavalo", "Morte" e "Diabo". Não é em direção a eles, enquanto objetos, que somos dirigidos dentro da contemplação estética; somos dirigidos às realidades figuradas "em retrato", ou, mais precisamente, "estampadas", a saber, o cavaleiro em carne e osso, etc. (HUSSERL, 1950, p. 373).

Por conta de tais peculiaridades, resta dizer que apreciar uma obra de arte é diferente de ler um livro. Neste, não basta olhar para os signos grafados no papel. É preciso ainda transformá-los, silenciosamente, em construtos mentais para nós. E o mais prejudicial à arte é justamente este equívoco que temos de evitar, a saber, acreditar que as imagens ou as realidades em retrato se comportam como verbetes de um dicionário, cujas definições o artista se limitaria a traduzir. É por aliar-se à sensibilidade que o pensamento consegue comunicar-se esteticamente, e não por filtrá-la através da razão. Tanto é assim que, mesmo sem conhecermos a língua falada numa dada ópera, "entendemos" o compositor, seja mediante o simbolismo sonoro, seja por meio dos gestos explicativos. É certo que a declamação de um axioma filosófico não o torna mais exato graças à modulação da voz, mas, no caso de um poema, por exemplo, a eufonia e o ritmo das palavras recitadas concorrem, em máxima medida, para sua compreensão adequada. A palavra cantada "vive para ser dita e, mesmo no silêncio, nasce em voz alta" (BORNHEIM, 2001, p. 136), lembra-nos Gerd Bornheim – personagem central de nosso capítulo sobre a Estética "nacional". Em suma, é preciso abandonar a convicção de que todas as imagens e sons pertencem à classe das palavras, de sorte a concebê-los

FIGURA 2.
O cavaleiro, a morte e o diabo (1513).

para além de suas funções **semiológicas**. Afinal, como bem lembra Lambert Wiesing, "mesmo se o caráter semafórico fosse sempre indicado mediante imagens, isso não seria suficiente para fundamentar a ideia de que tal caráter constitui o atributo essencial da imagem" (WIESING, 1998, p. 95).

> **GLOSSÁRIO**
>
> **SEMIOLOGIA**: ciência geral que estuda a vida dos signos no seio mesmo da vida social, privilegiando os sistemas que têm a comunicação como função. Seu ponto de partida é o de que todas as imagens se comportam necessariamente como signos ou sinais. ∎

Mas, mesmo feitas tais ressalvas, algumas dúvidas ainda irão assediar a consciência daquele que pretende deter-se no estudo qualificado da ponderação estética. O que significa, afinal de contas, perceber algo? E, sobretudo: por que fazer de tal ato um vetor de conhecimento ou uma forma de saber? Com vistas a essas questões preliminares, façamos transcorrer uma cena prosaica, pertencente ao nosso cotidiano – para além, pois, das áureas disputas filosóficas. Tocando meu clarinete, olho meu entorno e dirijo meu olhar à janela. Ao longe, entrevejo um pequeno barco, navegando rumo ao horizonte. Fecho então os olhos e já não vejo mais nada. Apesar disso, imagino, ou, sob a força do hábito, creio que tudo se acha lá, onde estava antes de cerrar minhas pálpebras. Mas será mesmo? Ao abrir os olhos, vejo que o barco já não se encontra ao alcance de minha visão. Mais até. Tal como a melodia que entoava,

---

Nascido em Tagaste, na África, Aurélio Agostinho (354-430) – conhecido como Agostinho de Hipona, ou, simplesmente, **SANTO AGOSTINHO** – é certamente um dos pensadores mais relevantes da assim chamada Patrística – filosofia elaborada pelos "Pais da Igreja" nos primeiros sete séculos de nossa era. Inicialmente influenciado pelo maniqueísmo – seita cristã surgida na Pérsia, por volta do século III –, foi professor de retórica em Cartago até 383, quando então parte para Roma na tentativa de encontrar agentes intelectuais mais promissores. Trava contato, então, com o neoplatonismo, corrente filosófica que lhe permite redimensionar o problema do mal e descerrar, sobretudo, os limites do próprio conhecimento racional. ∎

as nuvens que ensombreciam a superfície do mar terminaram por se dissipar, desmanchando-se ao sabor do vento.

A percepção espaçotemporal é efêmera como as nuvens, eis minha primeira constatação. E não só. Se fechar a cortina e afastar o instrumento dos lábios, já não avistarei nenhum horizonte e tampouco me será dado produzir quaisquer melodias. É preciso um mínimo de estímulo retínico para haver olhar; é a passagem do ar que faz a palheta do clarinete vibrar. Segunda conclusão, portanto: a percepção pressupõe condições físicas adequadas. Ora, que tipo de conhecimento me seria concedido mediante uma representação efêmera e fisicamente limitada? A resposta, ao contrário do que parece, está longe de ser evidente, pois, chova ou faça sol, a trajetória do barco permanece, por assim dizer, na minha mente; a linha melódica ainda ressoa, digamos, nos tímpanos de minha imaginação.

Aqui, para evitar mal-entendidos, o melhor mesmo seria folhear uma antiga página da história da filosofia. Trata-se do momento em que Santo Agostinho, no Livro XI de suas *Confissões*, explora a estrutura profunda que cruza e constitui a duração relativa das coisas. Assim é que, sobre a dimensão que designa a temporalidade, lê-se: "Em ti, minha alma, meço os tempos. Não me interrompa, quer dizer, não interrompa a ti mesma com os tumultos de tuas impressões. Em ti meço os tempos; a impressão que as coisas, ao passarem, causam em ti permanecem mesmo depois de terem passado" (St. Augustine, 1980, p. 98). É essa impressão de mudança que, ainda presente, medimos com o tempo, e não as coisas que, passando, impressionam-nos. Isso se tornaria patente, por exemplo, na declamação de um verso bastante popular entre as crianças: *Marcha soldado, cabeça de papel...* Porque medimos "uma sílaba longa por meio de uma curta" (p. 97), terminamos por inferir, mediante comparação, que a sílaba *Mar-* é mais longa que a sílaba *-cha*. Mas, é justamente aí, após essa operação comparativa, que não mais escutamos a sílaba *Mar-*, haja vista que sua reverberação já passou, retornando ao silêncio do qual surgira. E tampouco a sílaba curta (*-cha*) continua a vibrar, na medida em que só se determinou como curta depois que retirou de si todo seu efeito. Enfim: "Ambas ressoaram, fluíram, passaram, já não são" (p. 97).

Como medimos, então, as sílabas curtas e longas? Onde começa e termina, em suma, a impressão sensível gerada pela declamação? Em resposta, Agostinho declara: "Não são elas mesmas, que já nem são, que eu meço, senão que algo em minha memória" (p. 97). O tempo passa à medida que retemos, em nossa memória, um conjunto de sílabas e vogais com início, meio e fim. E não é acidental que o exemplo seja dado a partir de um cântico. Para reconhecer uma dada melodia, cumpre saber "onde se está" no decurso temporal, conectando o que se ouve com aquilo que se ouviu e, em especial, com aquilo que ainda está por ressoar. Caudatária da estrutura melódica simples, a fórmula agostiniana surge, então, como uma versão contrária ao tempo objetivo, mecânico, indicado pelo relógio, já que pressupõe, de antemão, uma atividade do espírito. Quanto a isso, lê-se ainda: "Estou prestes a repetir um cântico que conheço. Antes de começar, a minha expectativa é estendida sobre o todo; mas quando comecei, o tanto que dele eu separei no passado se estende ao longo de minha memória; assim, a vida dessa minha ação está dividida entre a memória do que já repeti e a expectativa acerca do que estou prestes a repetir" (p. 98).

Ora, são precisamente esses aspectos construtivos do desempenho perceptivo que irão conferir, à análise da arte, um inegável interesse filosófico. Ao percebermos o mundo, não somos apenas afetados pelas coisas que vemos e escutamos, senão que também participamos, inventivamente, de seus efeitos sobre nós. E, no fundo, o resultado a que somos levados é o de que a ponderação estética exige, como condição de compreensibilidade, um discurso mais autônomo, capaz de descrever e explorar as profundezas criativas da sensorialidade.

Evidentemente, como todo desenvolvimento historicamente determinado, tal discurso não adquire coesão de uma hora para outra. Embora

---

Discípulo de Christian Wolff (1679-1754), Alexander Gottlieb **BAUMGARTEN** (1714-1762) foi um filósofo alemão e professor na Universidade de Frankfurt-an-der-Oder. Considerado o patrono da *Estética* como disciplina filosófica, foi autor de obras seminais, como, por exemplo, *Aesthetica* (1750) e *Metaphysica* (1739). ∎

nosso primeiro capítulo dedique-se à "estética" antiga, veremos que não se pode falar, na Antiguidade, de uma ciência do conhecimento sensível, no sentido de uma disciplina propriamente dita. A esta última seremos impelidos apenas em meados do século XVIII, por Alexander Baumgarten – o assim chamado patrono da moderna estética filosófica. Como ele mesmo irá enfatizar: "Agora, conhecemo-la [a estética] como uma ciência, e, por conseguinte, deve-se poder dizer a seu respeito tudo aquilo que se diz acerca de uma ciência" (BAUMGARTEN, 1983, p. 82).

O autor de *Aesthetica* (1750) permanecerá, é bem verdade, um fiel representante da escola racionalista; todavia, recusando-se a ver o antagonismo entre os produtos da fantasia e os dados da razão como uma oposição de pura contrariedade, tratará de conceder, ao âmbito sensível, um certo grau de perfeição e dignidade teórica. A consequência não será, por certo, uma doutrina das substâncias no sentido epistemológico do termo, consagrada à natureza simples e absoluta das coisas, mas um saber específico, o qual também possui, com todo direito, sua plena razão de ser. Além disso, a convergência de sensações não trará, para o esteta, os mesmos efeitos corrosivos que tendem a apresentar àquele que, para descrever os atributos lógicos dos objetos, precisa livrar-se dos sentimentos. Adquirindo consistência em seu próprio meio, a Estética teria como objetivo o aperfeiçoamento do saber sensível como tal, com toda sua multiplicidade afetiva. "Essa estética", escreve ainda Baumgarten, "diferencia-se da lógica por ter, como seu objeto, o conhecimento sensível, as forças cognoscitivas inferiores" (p. 82).

Como teoria do conhecimento sensível, tal disciplina não poderia permanecer insensível aos desenvolvimentos da própria sensibilidade, cabendo a nós, alunos e professores, regular a claridade sob a qual essa "gnoseologia inferior" ganha importância e unidade. Refazer os passos desse processo de formação até a contemporaneidade é o propósito geral dos cinco capítulos que se seguem. Despertar a paixão pela reflexão estética constitui, porém, sua verdadeira missão didática.

CAPÍTULO 1
"ESTÉTICA" ANTIGA

Objetivos do capítulo

a) Explicitar, a partir de Platão, o modo como a problemática artística adquiriu relevo por meio de um debate com a própria filosofia – encenado, sobretudo, no diálogo *A República*; b) indicar o sentido e o alcance da associação, própria à "estética" antiga, entre o Belo e o Bem (*Kalokagathía*); c) com base na relação arte/natureza, mostrar o redimensionamento, operado por Aristóteles, da noção de imitação (*Mímesis*); d) trazer à tona, a partir de trechos da *Poética*, os recursos dramáticos e as consequências especulativas do espetáculo trágico.

Platão: o Belo é o Bem

Apesar daquilo que acabamos de afirmar na seção introdutória, veremos que, na Antiguidade, a reflexão sobre a arte não se limitava à análise da percepção, sendo que "estética" e conhecimento sensível nem sempre caminharam juntos. Aliás, a especulação sobre a beleza não se confunde, inicialmente, com o estudo dos produtos da atividade

---

Considerado o fundador da "autônoma" ética filosófica, **SÓCRATES** viveu em Atenas de 470 a 399 a.C., cidade a qual jamais abandonou – salvo para cumprir com suas obrigações militares durante a Guerra do Peloponeso (431-404 a.C.). Não havendo textos originais de sua autoria, a fonte mais portentosa e importante de sua doutrina são os diálogos de Platão, seu mais famoso discípulo. ∎

artística. É precisamente a essa disjunção que Sócrates, professor de Platão, pretende nos levar no diálogo *Hípias Maior*, um dos momentos em que o filósofo grego torna operatória a distinção entre o Belo e os belos objetos. Pavimentado por um realismo imediato, o caminho trilhado por seu interlocutor – no caso, o sofista Hípias – consiste em assinalar, mediante exemplos, diferentes candidatos à beleza. Assim é que ele diz: "Aquilo que é belo, Sócrates, para falar com toda verdade, é uma bela virgem" (PLATÃO, 1921, p. 17). Ou ainda: "É com todo direito que o próprio deus declara as éguas belíssimas" (p. 17). Até mesmo um pote, quando fabricado por um bom oleiro, teria que ser reputado belo. Afinal: "Como denegar a beleza àquilo que é belo? – Isso é impossível, Sócrates" (p. 18). Mas, ao livre pensador, isso não basta. Àquele que pretende alçar-se acima das opiniões correntes pouco importa que algo seja belíssimo. Mais vale descobrir o que confere beleza àquilo que é belo. Afinal: o que torna uma égua, uma virgem ou um pote belos? Eis, pois, a típica pergunta socrática.

Em vez de questionar a pertinência de cada representação individual, Sócrates trata de inseri-las numa visão de conjunto segundo a qual a beleza "em si" não é evidente ao nosso aparato perceptivo, fazendo intervir uma investigação que se instala noutro patamar, mais universal e especulativo. A presença objetiva da beleza seria atestada não pelo olho – órgão helioide dependente da luz do sol (*Hélios*) –, mas pela alma – órgão agatoide, inseparável do soberano Bem (*Agathon*) –, única capaz de visualizar a estrutura racional das coisas tidas como belas. Suprassensível desde a raiz, o Belo não estaria nem neste objeto nem naquele outro em particular, mas naquilo que já não pode ser considerado à parte depois de termos apartado tudo o mais, enfim, na **abstração** das características individuais e exteriores. A beleza seria, numa palavra, uma Ideia – e, como tal, objeto do pensamento, e não dos sentidos. A própria imagem de Sócrates (Figura 3) oferece-se, aqui, de modo lapidar. Pouco asseado por

> **GLOSSÁRIO**
>
> **ABSTRAÇÃO**: atividade que consiste em separar, por intermédio do pensamento, um elemento ou qualidade de uma representação negligenciando seus demais aspectos. Difere, por isso, da análise, a qual considera igualmente todos os elementos isolados da noção analisada. ∎

fora, mas impecável por dentro; conhecido pela feiura, porém tornado célebre pela beleza de espírito. Para lembrar o comentário perspicaz de Francis Wolff: "Sócrates é uma contradição viva: é feio tanto quanto sua inteligência é viva e sua sabedoria luminosa" (Wolff, 1982, p. 12).

FIGURA 3.
Busto de Sócrates no Museu do Vaticano

Tal "contradição" também se deixa entrever, de certo modo, nos próprios diálogos de Platão. No *Íon*, por exemplo, o pensador parece adotar uma atitude diferente, menos avessa, por assim dizer, à produção artística e à criatividade em geral. Ali, a noção de beleza atribuída aos belos objetos não é alcançada de raciocínio em raciocínio, na trajetória retilínea de um pensamento abstrato e dedutivo, senão que pelo desenfreio "não consciente" de uma inspiração esvoaçante e desgarrada. Os poetas, lê-se, "não por técnica, mas sendo inspirados e possuídos, dizem todos esses belos poemas [...] Como as abelhas, eles assim voam; e dizem verdade" (Petrelli, 2002, p. 43). Aliás, se lembrarmos que o próprio Platão costumava diferenciar dois "lugares de fala", um imitativo e dramático, em que o poeta "nos dirige qualquer fala como sendo de outra pessoa", e um outro simples e narrativo, no qual o expositor "não procura levar nossa atenção para outra parte nem se esforça por parecer que não é ele" (Platão, 2000, p. 147), a obra platônica não poderia deixar de ser, ao mesmo tempo, uma elegia filosófica em glorificação à poesia. Pois, conforme tal critério, como bem nos lembra Humberto Petrelli, "todos os diálogos de Platão cairiam sob a categoria de 'imitação', visto que o autor nunca fala *in propria persona*" (Petrelli, 2002, p. 43).

Tais divisões não são, porém, tão claras assim. O dualismo entre corpo e alma, no sentido de duas "substâncias" que, de fato e de direito, não se relacionam condicionalmente uma com a outra, é algo tributário da filosofia moderna, à qual o pensar é sinônimo de um eu simples e substancial, concebido separadamente do eu psicológico e material. É bem verdade que, ao situar o entendimento ao lado do espírito e o sentimento ao lado da percepção sensível, Platão parece antecipar, ao longe, tais distinções. Tanto é assim que se lê: "[...] quando num mesmo indivíduo se manifestam duas tendências opostas com relação ao mesmo objeto, dizemos que há necessariamente nele dois princípios distintivos" (PLATÃO, 2000, p. 447). Mas também há, para o filósofo grego, sensações e emoções que nos convidam a raciocinar, estimulando o entendimento. A visão e o tato podem assinalar alturas e espessuras contrárias entre si, dando ensejo à reflexão e convidando a razão a decidir "se cada testemunho desses é uno ou duplo" (p. 332). Ora, para tanto, há que se pressupor um mínimo de reciprocidade entre os sentidos e a atividade pensante. No fundo, como bem nos lembra Stefan Büttner, é "a mesma e única força anímica que atua na diferenciação das coisas, só que ora limitada pelos órgãos do sentido, ora não" (BÜTTNER, 2006, p. 16).

Se à mão só é dado tocar, sendo-lhe vedado distinguir cores, cheirar, escutar, etc., nem por isso deve ser demitida, de saída, da condição de estímulo didático. Se com a percepção sensível não obtemos o conhecimento completo de algo, ao menos nos seria permitido formar uma opinião (*Dóxa*) a partir das qualidades próprias ao nosso desempenho sensorial – no caso tátil, a partir da maciez, da dureza, etc. Seria uma lástima, se os leitores aceitassem a tese de que, em sua *paideia*, Platão advoga a formação musical apenas com vistas ao espírito, e a educação física, somente em prol do corpo. Música e ginástica moldariam, cada qual à sua maneira, o mesmo "material". À primeira caberia a tarefa de abrandar o elemento irascível da alma, preparando a animalidade humana para receber formas mais

> **GLOSSÁRIO**
>
> **PAIDEIA**: Sem um equivalente preciso em nossa língua, o termo grego pode ser entendido como "formação" no sentido amplo, para além da educação meramente formal e abstrata; trata-se de um trabalho sociolinguístico com vistas à promoção e ao cultivo de um tipo de ser humano cuja espiritualidade não decorre da repartição dos saberes, mas de sua integração. ∎

artísticas e divinizadas, "tal como se dá com o ferro que, de imprestável e quebradiço, fica maleável e útil" (PLATÃO, 2000, p. 173). A segunda, por sua vez, teria a incumbência de "despertar e fortalecer a coragem inata" (p. 172), e não só a força física dos atletas – que "por amor da força bruta se sobrecarregam de alimentos e exercícios" (p. 172). Se o pensador grego se restringisse a aplicar a educação artística à alma, em detrimento do corpo, não diria que aqueles "que só se dedicam à Música ficam demasiado moles" (p. 173). E se ele se limitasse a apregoar a atividade física ao corpo, para o prejuízo da alma, tampouco afirmaria que quem se dedica apenas à ginástica vive "como ignorante nas mais grosseiras práticas e alheio de todo à graça e ao sentido do equilíbrio" (p. 175).

Esse afortunado equilíbrio nos remete, por outra via, à nossa problemática: como a obra de arte, materialmente constituída, pode ser portadora de um conteúdo espiritualmente inteligível? Como a música adere-se, por assim dizer, ao instrumento musical que a realiza? Noutros termos, como reconhecemos que aquilo que vemos e escutamos é uma harpa – e não, digamos, um arco de caça? Para distingui-la de outros artefatos, segundo a orientação platônica, é preciso valer-se do pensamento, na medida em que aquilo que a torna o que é, definindo-a para além de sua cor ou seu tamanho, consiste em sua função específica, a qual ela teria por destinação realizar. É graças a isso que uma coisa se diferenciaria de outras, fazendo-se ver distintamente das demais. É claro, dirá Platão, que podemos cortar "sarmentos de videira com espada, ou faca ou com outros instrumentos" (p. 89), mas nenhum deles, continua o pensador, "fará semelhante trabalho tão bem como o podão fabricado para esse fim" (p. 89). Nem todas as harpas são idênticas e decerto há objetos semelhantes que se prestam a fins parecidos, mas nada disso nos desvelaria, isoladamente, seu conceito. Para acessá-lo, cumpre dar mais um passo: se é a função que confere um sentido próprio às coisas, o que dá sentido à própria função? Mais do que uma opinião, a resposta platônica à questão exigirá um certo senso moral: para que possamos concluir qual a melhor atribuição ou aplicação de algo é preciso que seu emprego esteja associado, em nossas mentes, à ideia do Bem. É por participarem desta última que as virtudes "são úteis e vantajosas" (p. 307). É por seu intermédio que as coisas conhecidas recebem não apenas a capacidade de serem conhecidas, mas também "o ser e a essência" (p. 313). O Bem e a excelência (*Areté*) na utilização de algo surgem, no final das contas, como causa e efeito do Belo. O som de uma flauta é harmonioso, quando esta é bem tocada e feita a partir de seu conceito "testado", perfeito e bom em si mesmo. Assim: "[...] o tocador de flauta apresentará ao fabricante de flautas os espécimes que provaram bem na prática, explicando-lhe como deve prepará-las" (p. 443).

É nítido que, ao proceder desse modo, Platão termina por conceder a primazia àquele que, ao se colocar à escuta de uma peça musical, pensa em *outra coisa*, e não nos sons que escuta – atitude que o leva, portanto, a desprezar os próprios músicos instrumentistas, que se apegam à sonoridade que criam e reproduzem. Tanto é assim que, sobre estes últimos, escreve: "[...] são ridículos quando falam em densidade de sons e encostam a orelha nas cordas como quem se dispõe a escutar conversa do vizinho, pretendendo alguns que entre duas notas percebem mais um som, o intervalo mínimo que lhes serviria de medida" (p. 343). De acordo com essa perspectiva, é o entendimento que deve colocar-se acima do ouvido, e não o contrário, já que se trata de encontrar, nos acordes percebidos, os números relativos aos seus intervalos. E porque cabe à música dar expressão a uma verdade ideal da qual o próprio som depende, suas componentes "corpóreas" serão desprezadas face ao seu significado conceitual, razão pela qual os textos das canções devem subordinar os elementos rítmicos e melódicos. Assim é que, depois de descobertos, estes últimos devem se adaptar às palavras, "não o contrário, o texto ao metro e à melodia" (p. 155).

Sem essa adaptação, seria muito difícil – quando não, impossível – à arte dos sons levar a cabo aquilo que, segundo Platão, consiste em sua legítima tarefa, qual seja, exprimir a vida bem regulada e a coragem. E, no fundo, a beleza do estilo nada faria senão que exprimir a simplicidade da alma de que decorre; mas isso, somos advertidos, "não no sentido com que eufemisticamente designamos a tolice, mas no verdadeiro, do caráter ornado de beleza e bondade" (p. 158). É esse caráter que deve servir de modelo ao artista, e não acontecimentos que levem à perda da justa medida. Paradigma de estabilidade, diga-se de passagem, que o ser humano supostamente "bem educado" traria dentro de si mesmo. Afinal: "Quem reúne por maneira perfeita a Música e a Ginástica e as aplica à alma na mais justa proporção, com todo direito diremos ser muito mais músico e mais bem harmonizado do que o afinador de qualquer outro instrumento" (p. 175). Daí, a cautela – desnecessária, se fosse outro o contexto – diante das harmonias usadas nos banquetes, cuja indolência poderia vir a favorecer o surgimento de parasitas sociais autocomplacentes com sua própria moleza: "São denominadas moles, disse, a [harmonia] ioniana e uma variedade lidiana" (p. 155).

O mesmo critério de temperança (*Sophrosýne*) será aplicado à poesia, a qual, de resto, deverá evitar o excesso de emoções, bem como estados de tensão que exercessem um efeito debilitante sobre o caráter. Donde a exortação: "Precisamos, outrossim, rejeitar todos esses nomes terríveis [...] que, só com serem enunciados, deixam arrepiados os ouvintes. É possível que semelhantes contos sejam de alguma utilidade noutras conexões; mas temos receio de que os nossos guardas se tornem moles com tais abalos e mais excitáveis do que convém" (p. 137). Com tais rejeições, espera-se que o "público-alvo" de tal literatura também empreenda uma outra espécie de leitura, procurando detectar, *atrás* das belas palavras e figuras de linguagem, a verdadeira lição a ser aprendida. A essa "moral da história" seríamos levados, na poesia, pela descrição de atividades moralmente engajadas, cujos agentes – em geral, heróis e semideuses – são recompensados com a própria virtude, e não com benefícios "menores". Grave seria, aqui, o equívoco daquele que aguarda ser premiado pelas "boas ações" que cometeu. E tanto mais fatal seria, pois, o erro dos oradores e poetas, ao afirmarem que "a injustiça é proveitosa, quando não descoberta, e que a justiça, por sua vez, implica dano próprio e vantagem alheia" (p. 145).

A diferença entre os supostos bens de segunda ordem (reputação, cargos, riquezas, etc.) e aquilo que é louvável por conta própria revelaria a disparidade entre os objetos da percepção e sua Forma ideal (*Eîdos*), intuída unicamente pelo pensamento. Para Platão, essa relação pode ser mais ou menos discordante, a depender do grau de imitação (*Mímesis*) que vigora entre eles – a julgar, digamos, pela distância entre o princípio geral da justiça e a reprodução de ações justas, "personificadas" por atores, poetas, pintores, etc. E o problema todo começaria, justamente, quando a imagem veiculada por tais artistas passa a derivar não da percepção das próprias coisas sensíveis, senão que de uma duplicação da aparência, imperfeita e afastada da "realidade". Desconhecendo a lei que estrutura o objeto imitado – a sua "essência" –, o artista não saberia identificá-lo, motivo pelo qual ele nos forneceria, segundo a ótica platônica, apenas simulacros, os quais refletiriam aspectos das coisas, mas jamais sua identidade: "A arte de imitar está muito afastada da verdade, sendo que por isso mesmo dá a impressão de poder fazer tudo, por só atingir parte mínima de cada coisa, simples simulacro" (p. 438).

É óbvio que essa e outras apreciações condenatórias não renderão, a Platão, a fama de defensor dos artistas. Mas, querelas à parte, transformá-lo apressadamente no arqui-inimigo das artes tampouco é fazer jus à sua filosofia. Se Homero é por ele criticado por não possuir o necessário "conhecimento de causa" (p. 441) e juntar-se, por conseguinte, aos demais "imitadores de simulacros da virtude" (p. 441), nem por isso deixará de ser lembrado como *o* educador dos gregos – o qual, como "poeta máximo" (p. 451), será "digno de ser estudado" (p. 451). Se a prudência faz com que não se aceite, na poesia, o "quanto nela for imitação" (p. 433), resta que o princípio criativo da literatura não será totalmente sepultado em termos de sua efetividade educativa, devendo-se "admitir na cidade hinos aos deuses e elogios de varões prestantíssimos" (p. 451). E se a imitação indiscriminada deve ser combatida com o antídoto fornecido pelo "conhecimento de sua verdadeira natureza" (p. 433), o filósofo não se vê, por causa disso, desonerado de certas tarefas miméticas, devendo misturar, qual um pintor, "as cores humanas de acordo com as regras da arte" (p. 301), plasmando governantes "com a perícia de um escultor" (p. 356).

Seria então Platão o único e principal ponto de partida de toda "estética" antiga? É certo que não. Se fosse assim, não haveria definições acintosamente mais explícitas acerca do Belo *na* obra de arte. Tampouco nasceria e cresceria, na Antiguidade, uma acepção intensivamente mais positiva da noção de imitação, a ponto de converter a poesia mimética numa legítima gestora de pensamentos. Algo que só ocorrerá, como veremos a seguir, mediante um aluno da própria Academia platônica: Aristóteles.

Aristóteles: natureza e imitação

Com Aristóteles, a noção de imitação passa a operar uma mudança "de fundo" na reflexão sobre o fazer artístico em geral. Retirando-a, digamos, da fachada duvidosa e sedutora – a um só tempo "enganosa" e "admirável" – na qual havia sido exposta pela metafísica platônica, a filosofia aristotélica tratará de recuperá-la em termos de sua realidade antropológico-cultural, associando o comprazimento mimético ao próprio processo de aprendizagem: "O imitar é congênito no homem (e nisso difere dos outros viventes, pois, de todos, é ele o mais imitador, e, por imitação, aprende as primeiras noções) e os homens se comprazem no imitado" (ARISTÓTELES, 1993, p. 27). Se até então as imagens representavam uma espécie de perigo à formação intelectual, na medida em que desviavam os seres humanos da contemplação das Ideias, agora são elas que hão de fornecer-lhes o devido estímulo didático. Nesse sentido, dir-se-á ainda: "Causa é que o aprender não só muito apraz aos filósofos, mas também, igualmente, aos demais homens [...] tal é o motivo por que se deleitam perante as imagens: olhando-as, aprendem e discorrem sobre o que seja cada uma delas" (p. 27).

Também no que se refere ao estilo expositivo, a ponderação sobre a arte parece ganhar um novo rumo. À diferença de Platão, o qual costumava veicular seus pensamentos mediante o diálogo, Aristóteles adota o discurso contínuo e direto, dividindo seus textos em seções que indicam uma articulação aparentemente mais "objetiva". Tal seria o caso, por exemplo, de sua *Poética* (*perí poietikés*), o primeiro

---

Nascido em Estagira, cidade da península de Calcídica (Macedônia central), **ARISTÓTELES** (384-324 a. C.) foi um filósofo e lógico grego, aluno de Platão. Por volta de 342 a.C., tornou-se preceptor de Alexandre, o Grande. Mais tarde, em Atenas, fundou sua própria "escola peripatética". ∎

escrito teórico-especulativo dedicado a um tópico específico da arte: a literatura. E, ao que tudo indica, essa "falta de rodeios" tornaria nossa tarefa menos árdua. Como lembra Stefan Büttner: "Aristóteles parece-nos, à primeira vista, mais fácil do que Platão [...] ele escreveu inúmeros tratados, os quais se consagram explicitamente a um tema determinado, reproduzindo suas concepções sem quaisquer filtros" (BÜTTNER, 2006, p. 61).

Ao contrário, porém, do que a primeira impressão poderia sugerir, ocorre, na *Poética*, muito mais do que a análise de uma forma literária em particular. Seu próprio autor nos lembra que, além da tragédia e da epopeia, seu estudo deveria estender-se igualmente à comédia – exame "perdido", que deveria constar, provavelmente, da segunda parte do texto. "Da imitação em hexâmetros e da Comédia trataremos depois; agora vamos falar da Tragédia" (ARISTÓTELES, 1993, p. 37), diz-nos Aristóteles logo no início do capítulo VI da mencionada obra. Esta última, aliás, por conter capítulos que tratam da beleza e da arte para além da poesia, diria respeito não só a uma dimensão exclusiva da atividade artística, senão que a uma potencialidade humana global, à base de nossa maneira de agir, sentir e pensar. Daí a necessidade de recorrer a outros escritos do pensador estagirita, para compreender suas considerações acerca da imitação poética. Comecemos, pois, com vistas a essa visão de conjunto, com uma célebre passagem contida no Livro II de sua *Física*:

> Sempre que há algum fim, toda sequência anterior de ações é levada a cabo com vistas a esse fim. [...] Por exemplo, uma casa que vem a ser naturalmente – supondo que isso fosse possível – viria a ser exatamente da mesma maneira que vem a ser uma casa feita com técnica; de modo inverso, se as coisas que vêm a ser naturalmente viessem a ser tanto por meio da técnica quanto mediante a natureza, elas ainda viriam a ser tal como vêm a ser naturalmente. Segue-se, daí, que uma coisa ocorre em vista da outra. E, em geral, a técnica humana ou completa aquilo que a natureza é incapaz de completar ou imita esta última (ARISTÓTELES, 1999, p. 51).

Àquele que vive numa época tomada por microprocessadores e aparelhos de última geração, cujo espaço sensorial é constituído muito mais pelo uso das máquinas do que pela contemplação do mundo natural, o paralelo estabelecido por Aristóteles pode soar estranho. O que ele conta comunicar é, porém, algo bastante simples. Se a natureza tem algum fim (*Télos*), então os produtos artificiais também são feitos em vista de algum propósito, já que, tanto lá como aqui, a atividade é *teleologicamente* orientada. Assim como um ser vivo – um rouxinol, digamos –, a partir de uma possibilidade ou potencialidade (*Dýnamis*) dada pela natureza, produz um órgão capaz de emitir sons melódicos, assim procederá, semelhantemente, um fabricante de flautas; também ele irá fiar-se em certos pressupostos e numa determinada escolha de materiais, efetuando uma composição premeditada em prol da função a ser exercida pelo produto acabado. Afinal, não há teia de aranha que não exija, de antemão, uma certa operação orientada; não há edifício que dispense um nível mínimo de planejamento. Tanto num caso como noutro, poder-se-ia dizer, "a relação entre os estágios posteriores e os estágios anteriores é a mesma" (p. 51).

> **GLOSSÁRIO**
>
> ***TÉLOS***: fim, finalidade, alvo, acabamento. É a partir deste termo que se formará, na modernidade, a expressão "teleologia", para designar o estudo da finalidade no sentido amplo da palavra, considerando o mundo como um sistema de relações entre meios e fins. ■

Mas, todo cuidado aqui: Aristóteles não diz que a técnica humana tem por destinação *copiar* a natureza empiricamente dada, reproduzindo-a, por assim dizer, sob a forma de decalques exatos e fiéis; tampouco sugere que, ao completá-la, tem o dever de *manipulá-la*, emendando, digamos, a estrutura dos produtos naturais. No primeiro caso, o resultado seria o autobanimento do técnico do âmbito da criação, na medida em que o artífice humano se sentiria incapaz de tomar sobre si uma autônoma e efetiva tarefa inventiva. No segundo, teríamos que nos entender, em algum momento, com uma acepção fatalmente eugênica e racial da técnica, haja vista que esta última poderá ser identificada, em suas aplicações agrícolas e zoológicas, com formas supostamente mais "aprimoradas" de modelagem e seleção natural – algo, como se sabe, assaz perigoso e sombrio. Nem uma coisa nem outra, portanto. É provável que o canto de alguns pássaros tenha dado ensejo e ocasião à produção de instrumentos melódicos, mas nem por isso estes últimos têm de possuir asas ou penas. Hoje há, inclusive, sintetizadores, cujos sons em vão seriam procurados na natureza. Mas dizer que a música eletrônica representa, por si só, uma melhoria frente ao singelo e parcimonioso rouxinol, como uma espécie de "correção" ou aprimoramento atingido na via linear do progresso científico, é confundir a *fabricação* de algo com seu *uso* acertado e judicioso, pois, assim como a natureza também pode falhar, "escribas podem escrever incorretamente, médicos podem prescrever o remédio errado" (p. 52). Denegar isso equivaleria, ademais, a acreditar cegamente na retidão do *homo faber*, como se o médico jamais pudesse prejudicar o doente ou o cientista nunca viesse a agir sobre o genoma com a intenção de reprogramar, a seu bel-prazer, o nosso material genético. À disposição, a técnica pressupõe uma deliberação por parte de seus usuários. E, com isso, já estaríamos no terreno da sabedoria prática, isto é, da "capacidade verdadeira e raciocinada de agir com respeito às coisas que são boas ou más para o homem" (ARISTÓTELES, 1984, p. 144).

Mas, se não se trata de imitar a natureza, senão que de proceder à sua maneira, seguindo seus passos e incorporando seu processo produtivo, e se tampouco é o caso de dominá-la arbitrariamente, mas ir além dela, fazendo surgir, mediante a técnica, novas possibilidades e um espaço mais amplo de criatividade para a aventura humana das artes, então por que continuar a empregar o termo "natureza"? Não haveria uma expressão mais adequada à relação de que nos fala Aristóteles? Ocorre que a palavra teria um duplo sentido. Diz-nos o autor da *Física*: "Ora, 'natureza' é ambígua no sentido de que pode referir-se tanto à matéria quanto à forma" (ARISTÓTELES, 1999, p. 52). Quente ou fria, a água será sempre água... Certo. Mas, esse elemento permanente e imutável, a matéria (*Hýle*) de que as coisas são feitas não será, para Aristóteles, o aspecto mais relevante da natureza, sendo que é precisamente isso que teria escapado aos seus antecessores. Sabei ver com profundidade, diria ele, e vereis que é a forma (*Eídos*) que dá estrutura e determinação às coisas. Abandonada a si mesma, a matéria é incapaz de mudança. Por si só, um pedaço de madeira não resulta num alaúde. Para consumar-se, tem de informar-se de algo a mais, deixando-se assimilar a uma ação finalizadora, ao acabamento de uma finalidade. E, "já que o fim é a forma, e todo restante ocorre em vista do fim, é a forma que constitui a causa" (p. 52). Assim considerada, a natureza surge como aquilo que estabelece o fim rumo ao qual os objetos naturais, como que "puxados" por suas respectivas formas, irão dirigir-se. É nesse sentido que se lê: "As folhas, por exemplo, desenvolvem-se a fim de proteger o fruto" (p. 52). É essa força estruturante e criadora, que impele à germinação das folhas, que nos reenvia à problemática artística.

Também o artista, ao imitar, não forneceria uma transcrição textual do mundo, descrevendo-o fielmente, tim-tim por tim-tim. O próprio Aristóteles dirá, na *Poética*, que na poesia "é de preferir o impossível que persuade ao possível que não persuade" (ARISTÓTELES, 1993, p. 143). Ao trabalhar sobre o mito tradicional, sua "matéria-prima", o poeta não o segue à risca; termina, até mesmo, por suplantá-lo, alterando ou simplesmente inventando os nomes e o enredo de seus protagonistas: "[...] em algumas Tragédias são conhecidos os nomes de uma ou duas personagens, sendo os outros inventados; em outras Tragédias nenhum nome é conhecido, como no *Anteu* de Aragão, em que são fictícios tanto os nomes como os fatos" (p. 55). Também a pintura não se limitaria a "fotocopiar" a natureza circundante. Ao contrário, inclusive: "Talvez seja impossível existirem homens quais Zêuxis os pintou; esses porém correspondem ao melhor" (p. 143). Aliás, pode-se dizer que o público não atendia aos festivais e espetáculos lítero-teatrais – às "Grandes Dionisíacas" – para testemunhar a "real" vida das personagens representadas. Os espectadores conheciam, já, as ações contidas em *Édipo*, *Antígona* e *Ifigênia*. Interessava-lhes, isto sim, conhecer a versão que cada autor daria ao drama escolhido. Como, enfim, fulano ou sicrano há de nos surpreender, contando-nos, ao seu modo, os nexos de relação que levaram tais e tais pessoas, irmãos, filhos e pais a matarem uns aos outros, etc. E tal liberdade expressiva, diz-nos Aristóteles, independe do fato de a exposição poética dar-se em versos. Fosse esse o critério, todo texto versificado seria poesia, de sorte que "se alguém compuser em verso um tratado de medicina ou de física, esse será vulgarmente chamado 'poeta'" (p. 19). Seguindo tal critério, também não haveria uma marca distintiva entre o historiador e o poeta: "Com efeito, não diferem o historiador e o poeta por escreverem verso ou prosa (pois bem poderiam ser postos em verso as obras de Heródoto, e nem por isso deixariam de ser história, se fossem em verso o que eram em prosa)" (p. 53).

A não ser a metrificação, pouco haveria de comum entre tais instâncias. A arte poética, à diferença e a contrapelo da escrita histórica, não tem a obrigação de descrever os acontecimentos tais como estes, "de fato", ocorreram. O historiador e o poeta diferem, dir-se-á, "em que diz um as coisas que sucederam, e o outro as que poderiam suceder" (p. 53). Aliás, é justamente essa abertura universalizadora, abismada no pretérito do futuro, que irá conferir à poesia credenciais filosóficas às quais o registro histórico não faria jus. "Por isso", continua o pensador, "a poesia é algo de mais filosófico e mais sério do que a história, pois refere aquela principalmente o universal, e esta o particular" (p. 55). É claro que, na poesia, as personagens também possuem nome, idade e procedência, enfim, atributos que as particularizam. E é certo ainda que, ao modificar ou compor novas figuras dramáticas, o poeta parte das possibilidades dadas ao ser humano em geral, orientando-se pelas atividades humanamente exequíveis; e, nesse sentido, por mais criativa e "fictícia" que seja, sua produção não deixa de ser uma imitação de certas ações factuais. Nem poderia ser diferente: "[...] porque ele é poeta pela imitação e porque imita ações" (p. 57). Ora, mas se o poeta imita ações particulares, a que se deve, então, a suposta "universalidade" poética? Para responder a tal questão, cumpre redimensionar o alcance da atividade finalística de que falávamos logo acima.

Fabricar uma chave de fenda não é o mesmo que usá-la contra alguém. Embora os ambos processos pressuponham, como todas as coisas, uma atualização de algo já presente como possibilidade – no primeiro caso, a concretização, no metal, do projeto da chave de fenda contido no intelecto de seu fabricante; e, no segundo, a efetivação de uma ação que, como potencialidade do agente, realiza-se em vista de um fim, a saber, machucar outra pessoa. No entanto, há mais que se lhe diga. No agir, esse movimento é acompanhado por ingredientes desiderativos, porquanto seu começo, meio e fim dependem de escolhas e desejos, e não só, tal como no produzir, de um mero programa: "A origem da ação [...] é a escolha, e a da escolha é o desejo e o raciocínio com um fim em vista" (ARISTÓTELES, 1984, p. 142). Além disso, é pela prática reiterada e pela força racional de sua vontade que o indivíduo atualizaria, segundo Aristóteles, seu caráter (*Éthos*), e não apenas mediante o movimento irrefletido de seu corpo. Almejado por si mesmo, o fim ético requer um exercício diário, jamais alcançado num único golpe. Daí a afirmação: "[...] a virtude moral é adquirida em resultado do hábito" (p. 67).

Por imitar ações decorrentes de um costume, e não de caprichos momentâneos e paixões episódicas, o poeta tem como pano de fundo uma disposição duradoura, cuja constância se revela, no final das contas, mais instrutiva do que os fatos isolados. Mesmo que um dado acontecimento seja extremamente raro, resta que as ações dele decorrentes, a depender da decisão e do temperamento de cada um dos agentes, podem ser bastante previsíveis, ou, quando não, necessárias – assim é que reputamos "natural", por exemplo, quando uma pessoa ciumenta reage impetuosamente em face de uma traição. O que a personagem do drama é potencialmente capaz de fazer, na medida em que pode vir a realizar-se continuamente, constitui algo mais "universal" do que uma ação pontual descrita em termos historiográficos. Mas essa distinção, de que Aristóteles tenciona nos convencer, não seria consequência da própria tragédia? E afinal: o que vem a ser esta última? É no capítulo VI da *Poética* que ele nos fornece sua célebre definição:

> É pois a Tragédia imitação de uma ação de caráter elevado, completa e de certa extensão, em linguagem ornamentada e com várias espécies de ornamentos distribuídas pelas diversas partes [do drama], [imitação que se efetua] não por narrativa, mas mediante atores, e que, suscitando o "terror e a piedade", tem por efeito a purificação dessas emoções (p. 37).

Antes de procedermos à análise dessa importante passagem, cumpre fazer uma breve ressalva. Estamos longe da época em que a projeção pirotécnica do artista não constituía, necessariamente, uma componente inerente à obra apresentada. É difícil imaginar, nos dias de hoje, a atuação de alguns atores e/ou cantores sem os inúmeros efeitos especiais e os "retoques" digitais de que se valem os diretores – programas de *photoshop*, filtro de voz, etc. Para Aristóteles, porém, ainda que mais emocionante, a encenação seria o menos artístico e menos próprio da poesia. O efeito por ele acima mencionado dependeria, em rigor, da própria forma dramática, e não do espetáculo cênico. Sequer o ator seria uma condição de compreensibilidade da tragédia: "Na verdade, mesmo sem representação e sem atores, pode a Tragédia manifestar seus efeitos" (p. 45). Que a linguagem trágica seja "ornamentada" não significa, portanto, que sua eficácia dependa estruturalmente de algo que esteja para além das palavras. É certo que arte poética, assim como tantas outras, imita com ritmo e harmonia, valendo-se – tal como é o caso da tragédia – do metro e do canto. Aliás, inserido na estrutura do espetáculo, o próprio coro "deve ser considerado como um dos atores" (p. 97). Mas nada disso adquire sentido, diria o pensador estagirita, se não fizer parte do todo e da ação. Não se trata de mutilar esta última em nome, digamos, de uma performance individual, sacrificando os nós do enredo em prol do carisma e fama pessoais. E também aqui nos afastamos de nosso tempo, no qual é comum ver diretores, na tentativa de auferir lucros com a idolatria, condescenderem com as extravagâncias de astros e *popstars*. A respeito dessa "forçação de barra", já se alertava ao longe: "É que, para compor partes declamatórias, chegam a forçar a fábula para além dos próprios limites e a romper o nexo da ação" (p. 57).

Ou seja, por ser completa e de certa extensão, a imitação trágica constitui uma espécie de totalidade, e não deve, pois, ter seus limites rompidos sem quaisquer justificativas. Ao evocar tal completude, Aristóteles deixa entrever um dos mais antigos preceitos da reflexão sobre o Belo, a saber, a ideia de que este último depende de uma dada grandeza ordenada: "Porque o belo consiste na grandeza e na ordem, e portanto um organismo vivente, pequeníssimo, não poderia ser belo" (p. 47). É claro que algo pequeno pode ser bonito, inclusive bem proporcionado. Mas isso só não basta. Segundo tal concepção, a beleza implica uma estatura bem discernível. Ainda que graciosa, a proporção de algo muito grande ou muito pequeno não se dá facilmente a conhecer. Como os organismos viventes, os mitos trágicos devem, pois, apresentar uma grandeza "bem perceptível como um todo" (p. 49). Por mais elaborada que seja, uma melodia muito extensa não é apenas desconfortável para o cantor, o qual tem dificuldade de identificar os "gestos" da gama sonora, mas também para quem a escuta, pois não se deixa apreender pela memória. O mesmo vale para uma sentença gramatical. Por mais rica que seja sua construção, ela de nada vale se não puder ser captada em seu conjunto. Mas quer isso dizer que o belo espetáculo trágico se restringe a nos proporcionar um enredo de "bom tamanho"? É certo que não.

À tragédia cabe ainda suscitar, no espectador, o medo e a compaixão, "purificando" seu ânimo dessas mesmas paixões. Essa catarse pressupõe, é claro, um determinado grau de envolvimento ou participação daquele que assiste ao espetáculo, haja vista que, para compadecer-se do sofrimento alheio, sofrendo com as desgraças e os reveses da personagem sobre o palco, ele tem de estabelecer uma mínima identificação simpática com este último; e, para sentir-se intimidado com tais infortúnios, como se estivesse, também ele, na iminência de passar pelas mesmas provações, deve colocar-se, por assim dizer, na pele do protagonista. A essa, juntam-se ainda algumas outras precondições. Indevidamente excessiva, a infelicidade que acomete a pessoa ameaçada deve parecer imerecida, e o herói trágico, não sendo nem muito bom nem muito mau, tem de parecer um tipo intermediário, "que não se distingue muito pela virtude e pela justiça; se cai no infortúnio, tal acontece não porque seja vil e malvado, mas por força de algum erro" (p. 69).

Uma pessoa muito malvada, caso venha a sofrer, raramente desperta nossa compaixão. "Benfeito!", eis o que se costuma ouvir, nas salas de cinema, quando um sórdido vilão é vitimado por algum acidente. Um indivíduo demasiadamente bondoso, porém, vindo a padecer, tampouco parecerá digno de condolências ou medo, senão que de indignação e repugnância. E se a tragédia, conforme a indicação aristotélica, "é imitação de homens melhores que nós" (p. 81), resta que, nem por isso, estes sejam impecáveis em seu agir e pensar.

Os heróis e semideuses, ainda que inigualáveis, também estão sujeitos aos erros e deslizes comuns a todos os seres humanos. Embora propenda mais "para melhor do que para pior" (p. 69), a personagem representada não está livre das mazelas trazidas, digamos, pelos excessos de ira, arrogância, autoconfiança, etc. Seu sofrimento é, de fato, imerecido, sendo sua punição muito maior do que o equívoco que cometeu. Isso não o torna, todavia, inocente, de sorte que o melhor seria chamá-lo, tal como Goethe, de "criminoso semiculpado" (GOETHE, 2000, p. 125). Mas quais são os meios inspiradores dessa "semiculpa"? Como alguém que se lança na mais terrível desventura consegue, ainda assim, cumprir seu destino com altivez? Mais até. Como o testemunho da ação trágica pode, em todo caso, restabelecer nosso equilíbrio, reconciliando as paixões aflitivas que havia despertado?

Não se trata, para Aristóteles, de impactar pura e simplesmente o espectador, conduzindo-o a um estado de choque. O poeta logra provocar os devidos afetos trágicos mediante uma estratégia mais sutil e engenhosa, que consiste basicamente em promover uma reviravolta nos acontecimentos, fazendo com que a personagem central passe da felicidade à infelicidade, retirando-a da fortuna, para mergulhá-la numa situação contrária, eivada de dissabores. Essa mutação é operada, em geral, por dois elementos qualitativos do mito: a peripécia e o reconhecimento. A primeira é uma espécie de inversão de sentido, ocasionada, por exemplo, quando alguém que tomamos por um grande amigo transforma-se, de súbito, em nosso arqui-inimigo, e vice-versa. Tal mudança não deixa de ser, muitas vezes, uma consequência do segundo componente, isto é, do reconhecimento, o qual se dá, quando determinadas pessoas passam a reconhecer-se de um novo modo, descobrindo, por assim dizer, quem o outro realmente é – o que, por sua vez, pode ocorrer para amizade ou inimizade das

---

Johann Wolfgang **GOETHE** (1749-1832) foi um poeta, teórico da arte e filósofo da natureza do classicismo alemão. Autor de uma obra portentosa, escreveu *Os sofrimentos do jovem Werther* (1774) e o famoso *Fausto* (1808/1832). ∎

FIGURA 4.
Édipo e a esfinge (1864), pintura a óleo de Gustave Moreau (1826-1898), pertencente ao acervo do Metropolitan Museum of Art.

personagens envolvidas. Tanto é assim que, ao referir-se à célebre tragédia de Sófocles, o autor da *Poética* afirma: "A mais bela de todas as formas de Reconhecimento é a que se dá juntamente com a Peripécia, como, por exemplo, no *Édipo*" (p. 63). *Édipo* seria exemplar, porque dele constariam os dois elementos requeridos. Ao reconhecer sua esposa Jocasta como sua mãe, Édipo (Figura 4) faz a experimentação de viver uma situação inversa a que se achava, passando de um estado de intensiva positividade a uma condição miserável, fazendo nascer, naquele que o assiste a distância, o medo e a piedade. E estes? O que fazem conosco?

Aristóteles parte do princípio de que ações ligadas a sensações intensivas de prazer e desprazer provocam uma reação na disposição interna de quem age, de sorte que o espectador da tragédia, na medida em que se identifica com aquele que atua,

SÓFOCLES (497-406/405 a.C.), nascido em Colono, foi um dos mais importantes dramaturgos gregos. Símbolo do apogeu da cultura helênica – "século de ouro" –, compôs peças seminais, como, por exemplo, *Antígona*, *Édipo Rei*, *Édipo em Colono* e *Electra*. Ganhou seu primeiro concurso teatral em 468 a.C., vencendo Ésquilo (525/524-456/455 a.C.) com a peça *Triptólemo*. ■

também sofreria, de sua parte e ao seu modo, os profundos efeitos das ações dramatizadas. Ao modo homeopático, no sentido de que "os semelhantes se curam pelos semelhantes", é vivendo o drama do medo e da piedade sobre o palco que nos seria dado "purificar", em nós mesmos, esses sentimentos. Embaladas pela predisposição a serem afetadas pelo espetáculo ao qual assistem, as pessoas se lançariam, no fundo, num estado semelhante ao dos "doentes que encontram um remédio capaz de livrá-los de seus males" (ARISTÓTELES, 1997, p. 284), sendo que a "mesma sensação devem experimentar as pessoas sob a influência da piedade e do terror" (p. 284). Daí aqueles que são suscetíveis a tais emoções terem de "passar por uma catarse e ter uma sensação agradável de alívio" (p. 284). Em vez de extirpar tais estados de ânimo, reprimindo-os, a tragédia contribuiria, pois, para sublimá-los artisticamente, liberando-os. Seria então a tragédia apenas uma simples "válvula de escape", efetuando uma mera descarga de afetos? Pior ainda. Canalizando e acumulando tais paixões em nossa alma, não nos tornaria mais recalcados? Neuróticos, talvez? É certo que não. Dizê-lo pela boca de Aristóteles seria um grande equívoco.

A catarse não é um transe, no qual se anseia pelo cego desenfreio de impulsos e no qual o espectador se compraz na simples alienação dos sentimentos. E tampouco se trata de enquadrá-la nos parâmetros do exorcismo, como se seu único objetivo fosse o de "expulsar" nossos demônios. A ela pertence igualmente uma operação cognitiva, que nos impele ao discernimento dos paradoxos em que nós, muitíssimo emocionados, mas nem por isso indiferentes à lógica do drama, deixamo-nos enredar. Aliás, é justamente por não estarmos efetivamente atuando que nos é facultado refletir e

---

Friedrich Wilhelm **NIETZSCHE** (1844/1900) foi um influente – e contundente – filólogo e filósofo alemão. Dono de um estilo inigualável e uma veia crítica mordaz, tornou-se atuante por filosofar "a golpes de martelo", colocando em questão os nossos supremos juízos de valor, bem como a maneira de ser e pensar que deles decorre. Dentre seus livros, reputava *Assim falava Zaratustra* (1883-1885) o mais importante. Será um dos objetos do Capítulo IV. ∎

especular sobre as vicissitudes das personagens, que são, em última análise, as mesmas da vida... O que nos ensina, afinal, a tragédia? Que sentir e pensar não são completamente incompatíveis. Não por acaso, os aspectos mais descritivos da *Poética*, ligados aos critérios de diferenciação da poesia, hão de ceder terreno, na posteridade – em especial, nos séculos XVIII e XIX –, à sua face "filosófica", dando ensejo, inclusive, a interpretações trágicas da existência, confiantes nos poderes emancipatórios e antipessimistas da arte trágica. Assim é que, ao comentar o seu primeiro livro, *O nascimento da tragédia*, Nietzsche dirá, por exemplo: "A própria tragédia é a prova de que os gregos *não* eram pessimistas" (Nietzsche, 1999, p. 310). Mas, antes de chegar aí, teremos de passar por outros capítulos em nosso itinerário. E algo nos parecerá inegável. Mesmo com outro timbre e alcance, a voz da "estética" antiga não deixará de ecoar no horizonte da moderna Estética.

Sugestões de atividades

A Com base no esquema "quádruplo" sugerido na Apresentação – exposição conceitual, leitura, comentário de texto e livre debate –, procure trabalhar a passagem de Platão reproduzida logo a seguir (*vide* Textos complementares), de sorte a descrever a situação aporética da arte no interior da própria filosofia. Se possível, procure sintetizar, junto aos alunos, as consequências teóricas da associação entre o Belo e o Bem. Para estimular o debate acerca do alcance cognitivo da arte mimética, procure lançar perguntas tais como: é justo dizer que as imagens nos desviam do conhecimento, refletindo imperfeitamente aquilo que já podemos ver? Como tarefa suplementar – a ser feita "em casa", por assim dizer –, peça aos alunos uma lista, devidamente exemplificada e justificada, contendo as possíveis vantagens e desvantagens do aprendizado imagético.

B Aplicando o mesmo procedimento anterior, tal como foi sugerido na Apresentação, trate de aprofundar a passagem de Aristóteles compilada logo a seguir (*vide* Textos complementares), no intuito de explicar o redimensionamento da noção de imitação e indicar, sobretudo, as consequências especulativas do espetáculo trágico. Para instigar a reflexão a esse respeito, procure lançar questões tais como: você acredita que, após a catarse, o espectador de uma peça teatral ou obra cinematográfica poderá, por assim dizer, voltar "melhorado" à sua casa? Peça, então, a título de atividade extra, para que os alunos escrevam uma justificativa à sua resposta – se possível, citando exemplos.

Textos complementares

Platão

"Uma vez que o belo é o oposto do feio, trata-se de dois conceitos. Como não?

Se são dois, cada um constitui uma unidade.

Isso também.

[...] Nessa base, continuei, estabeleço a seguinte distinção: de um lado coloco os que há momentos denominaste amadores de espetáculos, os amigos das artes e os homens práticos, e num grupo à parte os a que nos referimos, os únicos que fazem jus à denominação de filósofos.

Em que consiste a distinção? perguntou.

Os amadores de sons e de espetáculos, continuei, deleitam-se com as belas vozes, as cores e as formas belas e todas as obras trabalhadas com perfeição; porém, são de entendimento incapaz de perceber e de amar a natureza do belo em si.

É realmente o que se dá, observou.

E os que são capazes de elevar-se até ao belo e de contemplá-lo, não serão extremamente raros?

Sem dúvida" (PLATÃO, 2000, p. 267-268).

Aristóteles

"O terror e a piedade podem surgir por efeito do espetáculo cênico, mas também podem derivar da íntima conexão dos atos, e este é o procedimento preferível e o mais digno do poeta. Porque o Mito deve ser composto de tal maneira que quem ouvir as coisas que vão acontecendo, ainda que nada veja, só pelos sucessos trema e se apiede, como experimentará quem ouça contar a história de Édipo" (ARISTÓTELES, 1993, p. 73).

Sugestões de leitura e filme

Livros

COLI, Jorge. *O que é arte*. São Paulo: Brasiliense, 2006.

JIMENEZ, Marc. *O que é estética?* Tradução de Fulvia Moretto. São Leopoldo: Unisinos, 1999.

NUNES, Benedito. *Hermenêutica e poesia*. Belo Horizonte: Editora UFMG, 1999.

NUNES, Benedito. *Introdução à filosofia da arte*. São Paulo: Ática, 1989.

Filme

Sócrates (Distribuidor: Versátil Home Video). Cinebiografia de Sócrates (470-333 a.C.) dirigida pelo mestre italiano Roberto Rossellini. Apetrechado com o depoimento do Prof. Roberto Bolzani (USP), o filme introduz e articula conceitos que se tornarão fundamentais para a compreensão do platonismo.

CAPÍTULO 2

ESTÉTICA COMO CRÍTICA DO GOSTO

Objetivos do capítulo

a) Mostrar a maneira como David Hume entrevê, na indução e no sentimento pelo belo, um caminho capaz de conduzir a um possível "padrão do gosto"; b) refazer os passos por meio dos quais Immanuel Kant retira a Estética da esfera do conhecimento teórico para, a partir da especificação do juízo estético e da problemática do gênio, localizá-la noutro patamar reflexivo.

Hume: gosto não se discute?

Embora não se possa localizar, na Antiguidade, uma "ciência" do Belo, no sentido de uma disciplina filosófica – à qual seremos impelidos, como dissemos na Introdução, apenas em meados do século XVIII, por Alexander Baumgarten –, seria difícil imaginar o surgimento de qualquer teoria artística que não levasse em conta, positiva ou negativamente, os conceitos-chave da "estética" antiga. Tal é o caso, por exemplo, do ideal de beleza como grandeza simétrica, perceptível e bem proporcionada. Tanto é assim que, em plena Renascença, no despertar

---

Leon Battista **ALBERTI** (1404 -1472) foi um arquiteto e teórico genovês. Estabelecendo um vínculo umbilical com os principais artistas do Renascimento florentino – como, por exemplo, Donatello e Brunelleschi –, foi um dos mais importantes divulgadores e sistematizadores das técnicas artísticas então emergentes – em especial, das leis da perspectiva. ■

da modernidade, Leon Battista Alberti dirá de modo lapidar em seu tratado sobre pintura: "Se numa pintura a cabeça fosse muito grande, o peito, pequeno, a mão, ampla, o pé, inchado, e o corpo, túrgido, certamente essa composição seria feia à vista" (ALBERTI, 2009, p. 108).

Contudo, e apesar do caráter mais livre e laico que a prática artística irá assumir, poucos serão os teóricos dispostos, digamos, a atirar ao fogo os artigos de fé que até então ligavam a arte às virtudes morais, bem como às considerações sobre a verdade em geral. Durante séculos, o "bom gosto" vigorou como sinônimo de "justa medida", e, não raro, de "boas maneiras" – sendo que, até hoje, há quem associe a expressão a uma postura afinada com as exigências da moda e dos ditos bons costumes. Mas, estaríamos tão seguros quanto ao significado desse tema a um só tempo pessoal e polêmico, no qual acabamos por sedimentar as opiniões mais variadas? Enfim, antes de seguirmos adiante, não seria o caso de perguntar: há um padrão do gosto?

Pode-se dizer que o primeiro a dar a devida atenção a essa questão foi David Hume. Sem exageros, seu ensaio *O padrão do gosto* representa uma efetiva conversão teórica, a qual desloca o ângulo de visão em que se baseava a discussão a propósito dos cânones da beleza. À diferença de outros tantos escritos tradicionais, ali não toma a palavra o pensador intelectualista, avesso aos condicionamentos sensíveis, para expor ao vexame a falta de rigor das chamadas abordagens "psicológicas". Outro é o caminho trilhado pelo filósofo e ensaísta escocês. Trata-se, a seu ver, de inverter o primado da razão, entronizada como suprema autoridade judicativa em questões de gosto. Se outrora o papel negativo era desempenhado pelas paixões e afecções da alma, fontes de incerteza e dúvida, doravante o elemento mais corrosivo e pouco confiável será associado, ironicamente, ao entendimento, até então considerado

---

Filósofo, historiador e ensaísta escocês, David **HUME** (1711-1776) pode ser considerado o mais radical representante do empirismo moderno. Cético, chegará a negar a validade universal e necessária do princípio de causalidade. Fruto do hábito e da repetição de certos fenômenos, a lei causal estaria longe de ser, a seu ver, uma propriedade real e objetiva. A respeito de Hume, Kant dirá que coube a ele despertá-lo de seu "sono dogmático". ∎

como o núcleo da objetividade em si. A esse respeito, diz Hume: "O sentimento está sempre certo – porque o sentimento não tem outro referente senão ele mesmo [...] Mas nem todas as determinações do entendimento são certas, porque têm como referente alguma coisa além delas mesmas, a saber, os fatos reais" (HUME, 1992, p. 262).

O sentimento não estaria exposto a tantos erros, porque teria, em si mesmo, seu conteúdo e sua medida. De mil julgamentos a respeito de um estado objetivo de coisas, só existe um único que é tido como certo. Não podemos dizer que um copo se acha, ao mesmo tempo, quebrado e intacto. Mas, em compensação, mil sentimentos e impressões valorativas acerca do mesmo objeto podem ser todas corretas, já que nenhuma dentre elas tem a pretensão de representar a "essência" do objeto, mas tão só assinalar, como escreve Hume, "uma certa conformidade ou relação entre o objeto e os órgãos ou as faculdades do espírito" (p. 262). É por isso que, num certo sentido, podemos apreciar concretamente o belo, já que esse dá ocasião a um absoluto subjetivismo. A beleza, nesses termos, não seria um atributo pertencente ao objeto, mas um estado em nós: "A beleza não é uma qualidade das próprias coisas, existe apenas no espírito que as contempla, e cada espírito percebe uma beleza diferente" (p. 262).

Assim, condicionada pelas mais variadas formas de interação, a certeza sobre aquilo que se sente decorreria não de uma representação imediata e transparente do entendimento, senão que de uma relação que subsiste entre os objetos e nós próprios, sujeitos perceptivos, embalados pelo hábito e pela história. A depender da situação, tal relação decerto pode apresentar-se como sendo a "correta", mas isso não implicará mais que a realidade vivenciada por cada um seja a mesma. Eis porque tentar estabelecer uma beleza "real" seria, para Hume, tão fútil quanto procurar determinar uma doçura real ou um amargor real, haja vista que, conforme as "disposições do órgão do corpo, o mesmo objeto tanto pode ser doce como amargo" (p. 262).

Notem bem, diria o filósofo escocês: de uma época a outra, de um indivíduo a outro, varia o critério que se aplica à apreciação estética. Do modo como despertam e se consolidam as nossas inclinações, resultam veredictos diferentes acerca da beleza. E, mesmo reconhecendo essas formas variáveis de cultivo do gosto, convém considerar que elas não acarretam, para o esteta, as indecisões que intercedem sempre que se trata de descrever as determinações lógicas e únicas dos objetos. Ainda que teoricamente seja possível reconhecer um critério seguro para a ciência e, inversamente, denegá-lo à esfera do sentimento, percebemos que, na prática, "a questão é muito mais difícil de decidir no primeiro caso do que o segundo" (p. 268). Animados por uma consciência que se consome nas esperanças do progresso histórico da razão, os sistemas filosóficos se autoanulariam, substituindo uns aos outros na tentativa de fundar e refundar o conhecimento, ao passo que as obras de arte, por cuidarem de si mesmas, resistiriam com mais firmeza ao crivo da história e do público. Quanto a isso, Hume adverte-nos ainda: "Aristóteles, Platão, Epicuro e Descartes puderam sucessivamente ceder o lugar a outros, mas Terêncio e Virgílio continuam a exercer um domínio universal [...] A filosofia abstrata de Cícero perdeu seu prestígio, mas a veemência de sua oratória continua sendo objeto de nossa admiração" (p. 268).

A vantagem do âmbito estético frente ao lógico não estaria, portanto, no fato de o primeiro se referir a elementos mais ricos e heterogêneos, mas porque exige muito menos do que este último. Basta, digamos, que nos deixemos impressionar sensivelmente. E não só: se os edifícios filosóficos mudam com o passar dos séculos, a vida afetiva à base de nosso agir permanece sempre atuante. Em virtude de seu caráter fatalmente relativo, o senso comum não se deixa deduzir qual um teorema matemático, mas, curiosamente, assenta-se numa média empírica que, *in concreto*, mostra-se mais firme do que as afirmações teóricas. Por isso mesmo, quem procurasse sustentar a igualdade entre um artífice inábil e um mestre consagrado não estaria teoricamente "errado", mas seu julgamento não seria menos excêntrico do que se quisesse afirmar que um "charco é mais vasto do que o oceano" (p. 263). Mesmo que estivéssemos plenamente seguros de nossa sensibilidade artística, quem dentre nós sustentaria, em sã consciência, que a cantoria matinal empreendida por nosso vizinho suplanta as belíssimas árias eternizadas por Luciano Pavarotti?

Nem tudo é, porém, tão simples assim. A argumentação de Hume sairia incólume de nosso questionamento, se não fosse por uma pequena, mas persistente inquietação: como reconhecer aqueles que, em princípio, estariam à altura da *delicadeza* exigida pelo gosto? Ou como perguntará o próprio pensador escocês: "Como distingui-los dos embusteiros?" (p. 268). Sob que critério se produziu, afinal, o aceite de que Pavarotti é um dos mais importantes tenores da história da música ocidental, e não o nosso predileto "cantor de chuveiro"? Empírica em seu fundamento, a saída encontrada por Hume para responder a essa pergunta difere do caminho trilhado pela maioria dos filósofos. E isso por dois motivos principais. Primeiro, em vez de se fiar no método dedutivo – o qual, partindo de certas premissas tidas por verdadeiras, move-se do geral rumo ao particular sem apelar à experiência –, o autor d'*O padrão do gosto* não irá abrir mão da indução. Trata-se, no caso, de um processo reconstrutivo pelo qual – em parte raciocinando, em parte "adivinhando" – procura-se remontar a fatos mais ou menos prováveis, mas nunca determinados de uma vez por todas. Movendo-se do particular ao geral, o procedimento envolve uma alteração contínua e uma participação assídua da observação, a qual se prolonga, por assim dizer, a partir de uma linha descrita pela própria percepção. Tudo se passa como se tivéssemos de degustar um bolo inteiro a fim de "comprová-lo", para sabermos, digamos, se a massa assou de modo homogêneo, ou, então, se há alguma cereja mais doce do que outra. Ao resultado final seríamos levados, não mediante inferências baseadas no conhecimento prévio dos ingredientes que constam do livro de receitas, mas por uma espécie de "esprit de finesse" ["espírito de delicadeza"]. Para explicitá-lo, o texto humiano vale-se da conhecida passagem da Segunda Parte de *Don Quixote*, momento em que se narra o episódio jocoso vivenciado pelos parentes de Sancho Panza (**Figura 5**):

> É com muita razão, diz Sancho ao escudeiro de nariz comprido, que pretendo ser um bom apreciador de vinho: é uma qualidade hereditária em nossa família. Dois de meus parentes foram uma vez chamados a dar sua opinião sobre um barril de vinho que era de esperar fosse excelente, pois era velho e de boa colheita. Um deles prova o vinho, examina-o, e depois de madura reflexão

declara que ele seria bom, não fora um ligeiro gosto a couro que nele encontrava. O outro, depois de empregar as mesmas precauções, dá também um veredicto favorável ao vinho, com a única reserva de um sabor a ferro que facilmente podia nele distinguir. Não podes imaginar como ambos foram ridicularizados por seu juízo. Mas quem riu por último? Ao esvaziar o barril, achou-se no fundo uma velha chave com uma correia de couro amarrada (p. 264).

Pressupondo um esgotamento da experiência, o gosto requer que seu objeto seja submetido a diversas provas, oferece-se à aprovação ou censura apenas depois de ter sido exaurido em termos de suas qualidades sensíveis. No exemplo citado, o caráter distinto e a excelência peculiar do vinho vieram à tona somente depois da exaustão do barril; do contrário, teria sido difícil convencer todos aqueles que lá estavam presentes. É, pois, a prática que irá dissipar a névoa que paira sobre a apreciação estética, e não a teoria abstrata, distante das experimentações. É o hábito comprovado e reiterado que leva o vinicultor a selecionar as melhores uvas. É, enfim, a destreza testada e exercitada que dará, ao enólogo, os meios para conservar e saborear suas uvas preferidas. Introduzir as regras gerais do gosto, na arte, não seria algo muito diferente disso. É nesse sentido que ganha relevo a conclusão de Hume: "Estabelecer essas regras gerais, esses padrões reconhecidos da composição, é como achar a chave com a correia de couro que justificou o veredito dos parentes de Sancho e confundiu os pretensos juízes que os haviam condenado" (p. 265).

FIGURA 5.
Sancho Panza, após contar o episódio do barril de vinho. Desenho de Gustave Doré (1832-1883).

É o que basta para adivinharmos, desde já, as dificuldades com as quais o moderno esteta irá deparar-se. Porque diz respeito a um juízo que não depende apenas do conhecimento teórico, mas, sobretudo, de sentimentos e complexos estados de ânimo, a problemática estética exigirá um tratamento diferenciado, o qual terá de levar em consideração um tipo curioso de deleite ou emoção: o prazer. Para as necessidades de nosso objetivo, cabe sublinhar essa importante inflexão, a qual mudará por completo o nosso cenário: a análise da beleza dirá respeito, doravante, àquilo que se passa com o sujeito da fruição, de sorte que é à subjetividade mesma que se deverá atribuir a competência para decidir acerca das questões colocadas pela bela obra de arte – e não à verossimilhança ou à imitação objetiva daquilo que nos cerca. Mas, seria tão fácil assim? Então, simplesmente "inventamos" o gosto daquilo que provamos? Quem ousaria, nesse caso, separar o percebido do imaginado? E afinal: haveria um prazer propriamente estético?

Ora, são justamente esses elementos "subjetivos" que irão reaproximar a investigação estética do âmbito do conhecimento. Mas não se tratará mais, como em Baumgarten, de tomar apenas o raciocínio lógico como ponto de partida, mas as próprias operações sensitivas. Assim como o conhecimento assenta-se em fatores racionais de ordenação, a percepção sensível também indicará uma combinação regular de dados elementares – os quais só por falta de cautela crítica poderão, sem mais nem menos, ser identificados como um momento passivo do conhecer, à espera de determinações. Perceber algo implica, antes de mais nada, *distinguir* algo. Reconhecer o aroma de uma fruta equivale, em boa medida, a conhecê-la, ou, no mínimo, relacioná-la àquilo que sobre ela se sabe ou se acredita saber. E não é à toa que, a partir de Kant, o termo "sensibilidade" terminará por assumir um sentido

---

Criador das bases teóricas do assim chamado *Idealismo alemão*, Immanuel **KANT** (1724-1804) é considerado, a justo título, como o último grande filósofo da modernidade. O centro nevrálgico de seu pensamento é formado pelas famosas três *Críticas*: *Crítica da razão pura* (1781), *Crítica da razão prática* (1788) e *Crítica da faculdade do juízo* (1790). Filhas de seu tempo, as três obras incorporam e desenvolvem a atitude mais marcante do período do Esclarecimento ou da Ilustração (em alemão: *Aufklärung*), a saber, a independência do pensamento e a crença no poder libertário da razão. ∎

ligado a um universo mais produtivo e instrutivo, designando uma operosidade própria. A esse propósito, o autor da *Crítica da razão pura* dirá: "A capacidade (receptividade) de obter representações mediante o modo como somos afetados por objetos denomina-se *sensibilidade*" (KANT, 1996, p. 71).

Mas, atenção aqui: já não bastará rechaçar o prejuízo da tradição intelectualista, que julga a esfera artística apenas a partir do critério da clareza e distinção das ideias e que lhe outorga, por isso, apenas qualidades secundárias; caberá ainda dissolver a noção de sensibilidade como uma faculdade física e mecânica, assimilável apenas às coisas "exteriores". Do contrário, o exercício estético de reflexão permanecerá preso à camisa de força imposta pelo dualismo, trancafiando-se numa relação de pura contrariedade – sem jamais escapar, positivamente, à oscilação entre arte e pensamento. Hume, dir-se-ia, tem toda razão: o conhecimento acerca da beleza começa com a experiência. Mas, nem por isso todo ele se origina *da* experiência. Em rigor, o significado desta última dependeria do modo como a constituímos, com a qual contribuiríamos com princípios dos quais não poderíamos nos livrar nem mesmo se o desejássemos. Ganha peso, agora, a concepção – conhecida como "Revolução copernicana" – segundo a qual nossa experiência não se conforma às coisas fora de nós, senão que essas últimas estão fadadas a se conformar às formas de nossa sensibilidade, sendo que este estar "fadado" acarretaria, no mínimo, duas consequências:

- **A** Não há, para nós, experiência possível fora do tempo e do espaço. Suponhamos que alguém nos diga: "Anteontem fui à ópera, mas, infelizmente, o público não parava de conversar!". Apesar de "ópera" constituir uma representação empírico-espacial e muito embora o bate-papo entabulado pelo público pudesse ter ocorrido ontem ou hoje, e não apenas anteontem, o fato mesmo de que isso se deu em algum lugar e num dado instante não pode, por si só, ser abstraído;

- **B** Submetido a essas condições, nosso sistema perceptivo não nos mostraria a estrutura do real *em si*, mas apenas *algumas* perspectivas dentre outras tantas possíveis; no contexto de suas potencialidades específicas de mediação, a sensibilidade como que "filtraria" aspectos selecionados de uma totalidade que a transcende.

Ora, se as condições de possibilidade de nossa experiência são as condições de possibilidade de seus próprios objetos, não seria mais prudente falar numa crítica estética, em vez de tentar descerrar um padrão do gosto? Aliás, seria ainda possível conceber uma "ciência" do belo? A essa pergunta, o autor da *Crítica da faculdade do juízo* responderá: "Não há uma ciência do belo, mas somente crítica, nenhuma ciência bela, mas somente arte bela" (KANT, 2008, p. 150). Já não se trata de aproximar coisas incompatíveis entre si, senão que de investigar o modo como o sensível, não abaixo e tampouco acima, mas ao lado do entendimento, torna-se atuante na produção de uma apreciação valorativa sobre a arte, analisando a operação da faculdade mediante a qual as belas-artes são ajuizadas. É isso, em última análise, que a palavra "crítica" espera expressar: derivado do grego *krinein* (separar, cindir), o termo remete à arte de julgar (*kritikè techné*), avaliar, questionar, pôr em questão nossas crenças e convicções infundadas, assegurando os limites de sua competência. Mas, como? Então a Estética só nos ensina a "falar" sobre a arte? Não é bem assim. Senão, vejamos a seguir.

Kant: a singular universalidade do juízo estético

Porque a tentativa de fundamentar o gosto ou, ao menos, torná-lo assimilável a uma explicação coesa e global oscilava entre o método dedutivo e a indução, a reflexão estética posterior ver-se-á desafiada a aprofundar e superar a discrepância entre esses dois procedimentos metodológicos. E é no mínimo curioso que Kant se dedique a uma "dedução" do juízo estético puro. Enganar-se-ia, porém, quem tomasse tal processo de raciocínio em sua chave habitual. Se tal operação possui alguma validade universal, isso não se deve à "universalidade lógica segundo conceitos" (p. 128), mas à "universalidade de um juízo singular" (p. 128). Como? Uma dedução indutiva? Para a Estética, no entanto, tal expressão não trará consigo nenhuma contradição nos termos, sendo, inclusive, obrigatória em virtude de uma explicação de conjunto que entrevê, no sensível, uma finalidade transcendental, a qual se deixaria inferir de seu próprio interior. Como veremos, os quatro momentos que perfazem o juízo de gosto (relativos à sua qualidade, quantidade, relação e modalidade) nunca deixarão de frisar, por conta de tal finalidade, um consórcio bicondicional entre o universal e o particular. Antes, porém, de refazer esses passos, convém chamar a atenção para um ponto cardeal. Trata-se do caráter "reflexivo" do juízo estético. E aqui o melhor mesmo é conceder a palavra ao autor da *Crítica da faculdade do juízo*:

> A faculdade do juízo em geral é a faculdade de pensar o particular como contido no universal. No caso de este (a regra, o princípio, a lei) ser dado, a faculdade do juízo, que nele subsume o particular, é *determinante* [...] Porém, se só o particular for dado, para o qual ela deve encontrar o universal, então a faculdade do juízo é simplesmente *reflexiva* (p. 23).

Quando, por exemplo, vemos um foguete movimentar-se pelo espaço afora sem o auxílio de seus propulsores, interpretamos – Kant diria "subsumimos" – esse acontecimento particular como a aplicação de uma lei geral, a saber, do princípio de inércia. Diante, porém, de uma bela tela pintada, falta-nos um princípio universal no qual pudéssemos incluí-la, para fundamentar nossa apreciação. É que as condições de sua validade universal, à diferença do movimento inercial, não podem ser explicitadas por meio de regras gerais, mas tão só a partir daquilo que sentimos – o que, já de si, não é nada tagarela, sendo, antes do mais, estranho à comunicabilidade. Os juízos determinantes, lógicos por excelência, são mais facilmente comunicáveis, porque seus predicados são conceitos respaldados por fatores comuns de ordem – "categorias", segundo a denominação kantiana. Estas últimas, a título de "tradutoras" da experiência, serviriam como que para soletrar os fenômenos, para poder lê-los como experiência. Ao dizermos, por exemplo, o "fogo ferve a água", tecemos um juízo de relação, na medida em que relacionamos uma coisa à outra. E não só. Sendo uma das componentes da categoria de relação, cumpre ligá-la aos conceitos de causa e efeito – a água ferve "por causa" do fogo. Os predicados de um juízo estético, ao contrário, não têm o necessário amparo por parte de conceitos, razão pela qual a causalidade que a ele se vincula não é objetivamente "fundamentada"; dependendo de condições subjetivas, sua validade não conduz a uma necessidade baseada no objeto, mas no sujeito. A cor verde dos prados não é uma mera ilusão. Pertence, de fato, à sensação objetiva, mas sua agradabilidade diz respeito "à sensação *subjetiva*, pela qual nenhum objeto é representado" (KANT, 1984, p. 211). Vê-se, agora, quão longe foi a seta lançada pelo ceticismo de Hume...

Com o autor d'*O padrão do gosto*, Kant crê que a palavra "belo" não dá a "perceber nenhuma qualidade do objeto" (KANT, 2008, p. 74), de sorte que, ao afirmarmos que "o teto da Capela Sistina é esplêndido", com isso não acrescentaríamos, à representação "teto", nenhuma qualidade nova. Mais até. Tal juízo tampouco valeria automaticamente para todas as obras de Michelangelo. A expressão "todas as obras" implicaria a comparação com outras realizações do mestre renascentista, envolvendo a operação lógica de cotejar coisas que exibem uma certa semelhança estrutural, mas que, por revelarem um saber objetivo, já não teriam a ver com o juízo estético. É certo que, na prática, ninguém discordaria do aceite de que todas as obras de Michelangelo são belas; afirmar o contrário equivaleria, para lembrar uma vez mais o comentário de Hume, a opor-se "ao que universalmente se verificou agradar em todos os países e em todas as épocas" (HUME, 1992, p. 263). Contudo, para Kant – agora contra o pensador escocês –, essa convenção não obriga ninguém a imputar a beleza à representação que se tem

---

Filho de um magistrado, **MICHELANGELO** Buonarroti nasceu a 6 de março de 1475, no município toscano de Caprese. Aprendiz de Domenico Ghirlandaio, foi prontamente recomendado a Lourenço de Medici, em Florença – onde, de fato, cresceu e estudou. Chamado a Roma em 1496, deixou-se influenciar pelas estátuas antigas e criou, com 23 anos, *Pietà*. Em 1512, levou a cabo a mais célebre de suas empreitadas: a portentosa pintura no teto da Capela Sistina, no Vaticano. Foi também em Roma, porém, que acabou por vivenciar, por assim dizer, seu "calvário". Sob o patrocínio do Papa Julio II, com quem não hesitava em ombrear-se, Michelangelo viu-se obrigado a dividir suas tarefas com a construção do mausoléu do pontífice; motivo de numerosos litígios, a obra fez com que trabalhasse, sem arremate, por mais de 40 anos. ∎

do teto de uma capela, já que a atribuição feita a todas as obras de um artista – por mais genial que este seja – não é um juízo estético, mas "um juízo lógico fundado sobre um juízo estético" (KANT, 2008, p. 60). No fundo, o juízo em questão seria obtido, por indução, a partir de vários juízos singulares: "o teto da Capela Sistina é belo", "a escultura de Moisés é bela", "os afrescos da Capela Paulina são belos", etc.

Se assim for, então como os juízos estéticos poderão satisfazer sua pretensão de validade? A saída encontrada por Kant se articula em vista e a serviço de um sentimento, ou, mais precisamente, do sentimento de prazer. Aqui, porém, cumpre fazer um rápido e prévio reparo. No horizonte hermenêutico condizente com tal ponderação, o termo "prazer" não é utilizado como sinônimo de volúpia ou deleite, de sorte que seu sentido não evoca, digamos, episódios associados à comilança ou bebedeira. Mas aquilo que não satisfaz nossas necessidades sensíveis elementares nem por isso deve ser tomado como um puro e desencarnado prazer intelectual, livre de encantamentos e estimulantes. Enganar-se-ia, igualmente, quem pensasse que o filósofo alemão tem em vista, aqui, uma satisfação de cunho moral, como se o juízo estético fosse tributário de um "bom" prazer – ao qual seríamos elevados depois de termos alcançado, por assim dizer, um depurado grau de refinamento, nos registros do ideal humanitário do Esclarecimento. E nem poderia ser diferente. É a razão que julga o bom e o mau, e não a sensação de prazer, a qual, sendo subjetiva, refere-se à nossa receptividade, impelindo-nos a chamar uma dada experiência de agradável – e não de *boa*. A respeito dessa confusão, o próprio autor da *Crítica da razão prática* já nos advertia dizendo que o uso linguístico "distingue o agradável do bom, e o desagradável do mau, e exige que bom e mau sejam sempre ajuizados pela razão, por conseguinte, mediante conceitos que se deixam comunicar universalmente" (KANT, 2002, p. 94).

Mas, na medida em que à reflexão estética faltam tais conceitos, o mais acertado seria reter, por ora, a ideia de que o sentimento de prazer constitui algo já de si subjetivo; assim como as formas de tempo e espaço dispensam, como vimos, uma fundamentação conceitual, tratar-se-ia, aqui, de um componente igualmente "dado" – com a diferença de que, em vez de resultar no conhecimento, levar-nos-ia à representação estética. Para recorrer, uma vez mais, ao texto da *Crítica* supracitada, poder-se-ia dizer que o "*prazer* é a representação da concordância do objeto ou da ação com as condições subjetivas da vida" (p. 15). É prazeroso reencontrar-se a si mesmo nos objetos, sem deles esperar algo em troca, na mera espontaneidade de sua presença. E não é fortuito que o belo natural possua, para Kant, precedência frente ao belo artístico. Por não estar "submetida a nenhuma coação de regras artísticas" (KANT, 1984, p. 240), a natureza permitirá o encontro do sujeito da fruição consigo mesmo, como se sua pródiga e exuberante diversidade estivesse "em sintonia", por assim dizer, com as disposições internas de nossa mente. A tensão entre os polos, porém, permanece, pois, já que ninguém pode sentir algo por nós, como derivar a universalidade do juízo estético justamente de um sentimento de prazer? Essa pergunta nos remete, finalmente, à quádrupla especificação do belo.

Um juízo estético é uma operação autônoma do sujeito – ainda que desencadeada pela representação de um objeto. Mas, por não se referir à possível ligação entre este último e os nossos interesses privados, ele é livre, motivo pelo qual, segundo a *qualidade*, o juízo em questão seria desinteressado. Daí a formulação: "Gosto é a faculdade de ajuizamento de um objeto ou de um modo de representação mediante uma complacência ou descomplacência *independente de todo interesse*" (KANT, 2008, p. 55). Dizer que o belo é aquilo que apraz por si só não significa afirmar, porém, que o comprazimento que ele suscita cai do céu. A subjetividade que se apraz deve ser, no mínimo, instigada a tanto. E, para não estorvar o caráter estritamente subjetivo do juízo estético, Kant faz intervir uma observação importante, frisando que o sujeito é apenas "afetado" pela representação do objeto, sem, contudo, dele se tornar dependente: "Toda referência das representações, mesmo a das sensações, porém, pode ser objetiva [...] só não pode ser a referência ao sentimento de prazer e desprazer, pela qual absolutamente nada é designado no objeto, mas em que o sujeito, assim como é afetado pela representação, sente a si mesmo" (KANT, 1984, p. 209).

Do contrário, o que estaria em jogo não seria uma efetiva liberdade frente ao objeto, senão que a complacência no agradável, sendo que, deste último, não se diz meramente que ele apraz, "mas que ele *contenta*" (p. 211). O fato de o belo não se fundar sobre nenhum interesse não leva Kant, porém, a afirmar que ele é incapaz de produzir quaisquer interesses. Ao contrário, inclusive. Tanto é assim que, numa importante nota, lê-se: "Um juízo sobre um objeto da satisfação pode ser inteiramente *desinteressado*, e no entanto muito *interessante*" (p. 210). Em sociedade, onde a cultura das faculdades do ânimo é tida em alta conta, ter gosto e saber comunicá-lo pode tornar-se muito interessante, inclusive proveitoso... Mas, porque todo comprazimento, justamente porque apraz, é uma sensação prazerosa, acabamos acreditando, de maneira apressada, que todas as determinações do sentimento de prazer são iguais, pouco importando o modo como os poderes da mente interagem diante daquilo que nos agrada. Quando algo nos apetece, por exemplo, é natural que tenhamos interesse por sua existência, associando-o às nossas necessidades. Uma manga fatiada sobre um prato é decerto convidativa, impelindo-nos a degustá-la no sentido literal do termo. Todavia, quando a contemplamos *como* um objeto estético, reconhecemos a presença da fruta em sua mera gratuidade, abstraindo seu fundamento material de determinação, como se existisse apenas na medida em que pudéssemos representá-la. É isso que o verbo alemão "vorstellen" (em português: "representar") torna patente, pondo em evidência o ato de colocar algo "diante de nós". E é também por isso que o cânone da beleza visual é tipificado pela contemplação de esculturas, pois "contemplar" significa exatamente fixar o olhar em algo com admiração.

No que concerne à sua *quantidade*, o juízo estético quer-se universalmente válido. Se na esfera do meramente agradável vigora a máxima segundo a qual "gosto não se discute", na medida em que cada um teria o *seu*, o ajuizamento do belo, por não estar sujeito a tais condicionamentos, pretende que sua comunicabilidade seja partilhada por todos, jactando-se numa universalidade que não decorreria de conceitos. Daí a segunda determinação: "Belo é o que apraz universalmente sem conceito" (KANT, 2008, p. 64). Kant não tem em mente, aqui, a conciliação unânime face à mesma representação perceptiva. Posso estender aos outros, a meu critério, minha opinião sobre uma dada matéria impressiva? Seria suficiente decretar, à força, a aprovação geral de uma gravura que nos agrada, simplesmente porque nos agrada? É certo que não. De bom grado e com todo direito, sempre surgirá alguém, para nos cobrar "alegações", denunciando o caráter "arbitrário" ou "ideológico" de nosso suposto consenso. Chamados a dar "razões", estaríamos, já, no âmbito lógico dos conceitos, das fundamentações, enfim, dos excessos verbais. E nada mais avesso ao ajuizamento estético do que fixar princípios, impor regras, determinar essências, explicar até o fim e a todo custo...

Mais modesta, sua pretensão à validade universal irá apoiar-se, segundo Kant, na simples *possibilidade* de todos sermos capazes de sentir algo diante de uma bela obra de arte, de sorte que já não será mais preciso postular nenhum axioma nem esgotar a experiência, para se chegar à ideia de uma "voz universal", para se conceber, digamos, uma comunidade virtual daqueles que ajuízam a beleza. Reconhecida a expectativa subjetiva em relação a um modo humanamente comum de ser afetado e supondo que todos dispõem, em princípio, de entendimento e imaginação, então é *razoável* inferir que o livre jogo entre as faculdades é distributivamente universal e universalmente comunicável. A esse propósito, lê-se: "A comunicabilidade universal subjetiva do modo-de-representação em um juízo-de-gosto [...] não pode ser outra coisa que o estado-da-mente no livre jogo da imaginação e do entendimento [...] na medida em que temos consciência de que esta proporção subjetiva apropriada para o conhecimento em geral tem de valer igualmente para todos" (KANT, 1984, p. 220).

Que o entendimento é a capacidade de pensar logicamente, eis algo que, em geral, não se discute. Mas o que dizer da imaginação (em alemão: *Einbildungskraft*)? O que dizer dessa palavra que, por falta de um equivalente em nossa língua, perdemos a alusão à "força" (*Kraft*) que a define? Já na *Crítica da razão pura*, o termo dava muito a pensar. Ali, Kant afirmava que à imaginação cabia a tarefa de ordenar, sob a forma de associações, a massa de intuições que, às cegas, não cessa de nos afetar, de modo a dispô-la ao entendimento. Sob tal ótica, tratar-se-ia de uma faculdade capaz de "determinar *a priori* a sensibilidade" (KANT, 1996, p. 131). Sendo, porém, "figurada", tal síntese não pode ser exclusivamente intelectual, de sorte que, para marcar sua especificidade, será preciso atribuir-lhe uma dupla função: "Na medida em que a capacidade da imaginação é espontaneidade, às vezes também a denomino capacidade *produtiva* da imaginação, distinguindo-a desse modo da *reprodutiva*" (p. 131).

O interessante é que, como faculdade reprodutiva, a imaginação também atuará como capacidade de reconstruir representações passadas, e, sob esse ângulo, "é a faculdade de representar um objeto também *sem a sua presença na intuição*" (p. 130). E assim é que, mesmo após semanas, "imaginamos" um impactante espetáculo teatral: "parece que foi ontem", dizemos. Mas se, tanto aqui, no âmbito estético, como acolá, no domínio teórico, a imaginação e o entendimento estabelecem uma certa relação entre si, como diferenciar um registro do outro? A diferença está no fato de que, na arte, tal relação é livre. De que? Livre das injunções imediatas do dia a dia, das necessidades práticas e do utilitarismo que comanda as atividades mecanizadas, enfim, da obrigação de ter que gerar algum conhecimento ou utensílio. Se aqui o jogo é descrito como "harmônico", é porque não se confunde com a dinâmica competitiva dos jogos esportivos ou com a ansiedade paranoica dos jogos de azar. Desonerados de seus papéis habituais, imaginação e entendimento se completam. A primeira ensina o segundo a voar, ao passo que este, mais determinante, ajuda-lhe a manter os pés no chão.

Então o juízo estético não traz consigo nenhuma finalidade? Todo cuidado aqui. Por mais espontâneo e livre que se sinta, aquele que brinca de jogar pedras num lago não se sentirá impelido, sem mais, a jogá-las contra si mesmo ou afogar-se na água. Para haver o jogo, é preciso jogador. Para que este tenha algum comprazimento, cumpre-lhe levar a cabo alguma atividade. O juízo de gosto também possui, segundo sua *relação*, a forma da conformidade a fins. Mas, por ser meramente formal, a conformidade em questão renuncia às finalidades, digamos, extraestéticas, referindo-se, em termos causais, a uma finalidade interna, ao prazer mesmo ocasionado pelo jogo harmônico entre entendimento e imaginação. Então é o sujeito que determina, desde "dentro", o teor da relação finalística? Sim, mas é preciso cautela aqui. Uma conformidade material a fins também pode ser subjetiva. Vou à livraria e compro o mais novo *best-seller* de um escritor de sucesso. Estou curioso, inclusive ansioso, para deslindar sua trama. Mas seria apenas isso mesmo? Limitar-me-ia a ler pelo mero prazer de ler? Impelido apenas pela harmonia decorrente da ordem e da bela estrutura do livro? Ou haveria outros interesses em tal realização? Quem sabe, temo ficar desatualizado? Passar-me por alguém fora da moda, talvez? Nada disso se aplicaria, porém, à causalidade estética. Renunciando a fins exteriores, esta última se encerraria finalisticamente nos parâmetros de uma finalidade "sem fim": "Beleza é a forma da *conformidade a fins* de um objeto, na medida em que ela é percebida nele *sem representação de um fim*" (KANT, 2008, p. 82).

Mas isso não é tudo. A validade ou comunicabilidade universal do belo conduziria a uma espécie de necessidade do juízo de gosto – Kant a chamará de "exemplar": "[...] uma necessidade do assentimento de todos a um juízo que é considerado como exemplo de uma regra universal que não se pode indicar" (p. 82). Porque posso esperar um assentimento ao meu juízo, seria possível supor um inevitável posicionamento estético da parte de todos aqueles que partilham o sensível, ou, melhor dizendo, um "sentido comum", e que não deve ser confundido com "senso comum", o qual julga "sempre segundo conceitos" (p. 83). Mas, afinal, por que fazer dessa necessidade um acontecimento exclusivo da obra de arte? Quem nunca se "emocionou" ao encontrar uma solução para um difícil problema de física? Tal comoção, diria o esteta kantiano, seria completamente acidental. Não é preciso, afinal de contas, ser um botânico para considerar uma flor bela. Aliás, nem o especialista em plantas se porta como tal ao ajuizá-las belas: "Que coisa seja uma flor, dificilmente, além do botânico, alguém sabe; e mesmo este, que conhece nela o órgão reprodutor da planta, não leva em conta, quando julga sobre ela pelo gosto, esse fim natural" (KANT, 1984, p. 229).

Tudo se passa como se sentíssemos um prazer desnecessário do ponto de vista do conhecimento, mas tal que não podemos nos impedir de considerá-lo, na arte, como algo comum a todos, assimilável às "outras" subjetividades. Abandonamos a necessidade lógica para representar, em troca, uma necessidade subjetiva "genérica". Afirmar que essa extrapolação é necessária é dizer simplesmente que a subjetividade é a condição de possibilidade para haver sentimentos. De meu vizinho, espero uma adesão ao meu juízo, não por ele ser "culto" ou formular o *mesmo* juízo que eu – o que está longe de ser algo necessário –, senão que pelo fato de saber que qualquer pessoa, nas mesmas condições, poderia sensibilizar-se, mostrando-se igualmente complacente com o belo. Daí a explicação do juízo de gosto segundo sua *modalidade*: "*Belo* é o que é conhecido sem conceito como objeto de uma complacência *necessária*" (KANT, 2008, p. 86).

Atingido este ponto de nosso trajeto, o leitor bem que poderia perguntar: o que isso tudo tem a ver com os produtos da arte? Não seria um critério "extra-artístico", usado apenas com vistas à ampliação das faculdades da mente? Mais até: os momentos acima aludidos não poderiam variar de acordo com a modalidade artística? Como se comportaria o sujeito "exemplar" em face de um gênero híbrido, tal como, por exemplo, uma ópera? Como se comportaria o "sentido comum", digamos, numa apresentação de *Carmen*? Como equalizar a música de Bizet com o libreto em que a peça se baseia? E o colorido próprio aos aspectos visuais de sua montagem? Seríamos todos complacentes com ele?

Antes de adentrar nesse cenário, cumpre devolver rapidamente a palavra ao autor da *Crítica da faculdade do juízo*, já que ele mesmo se encarrega de dividir, à sua maneira, as distintas artes. Ao fazê-lo, no entanto, não deixa de explicitar o expediente metodológico de que se serve. Trata-se, como ele próprio afirma, de uma "analogia da arte com o modo de expressão de que os homens se servem no falar" (KANT, 1984, p. 256). E também revela – numa concisa, mas relevante observação –, que tal esboço de divisão está longe de ser algo conclusivo, permanecendo à parte, aliás, da própria estrutura de sua filosofia.

Provavelmente a ópera mais popular de todos os tempos, **CARMEN** é uma obra dramático-musical de Georges Bizet (1838-1875) dividida em quatro atos e cujo texto, de Henri Meilhac e Ludovic Halévy, baseia-se no romance homônimo do escritor Prosper Mérimée, publicado pela primeira vez em 1845. ∎

Ad hoc, tal subdivisão seria apenas uma dentre as muitas tentativas que ainda "se podem e devem fazer" (p. 256), para seccionar a arte. Feita a ressalva e dando cumprimento ao plano, Kant irá distinguir três traços principais no interior da linguagem humana: a palavra (articulação), o gesto (movimento) e o som (modulação). Hauridos dessa divisão tripartite, os correlatos artísticos de tais modos de expressão são, logo após, agrupados em torno dos seguintes núcleos: as artes elocutivas (eloquência e arte poética), as artes figurativas (plástica [escultura e arquitetura] e pintura) e a assim chamada "arte do *belo jogo das sensações* (que são engendradas do exterior)" (p. 259). Não se deterá aí, porém, a classificação. Sobre o belo jogo das sensações recairá ainda uma última subdivisão – justamente a que nos interessa –, que vem à luz sob a forma de uma curiosa disjunção entre o jogo artístico atinente à audição e à visão, ou, como se lê, entre *"música e arte das cores"* (p. 259).

> **GLOSSÁRIO**
>
> **AD HOC**: argumentação ou hipótese formulada exclusivamente para explicar o fenômeno que se descreve, de sorte que não serviria para legitimar outros casos ou argumentos. ∎

Atrelada a uma significação notadamente ampla da sensibilidade artística, a caracterização da arte dos sons e das cores enquanto "jogo das sensações" cederá terreno, contudo, a uma insidiosa suspeita. Empreende-se a pergunta pela possibilidade mesma de a música, bem como a arte das cores, ter algo a ver com as belas-artes, ou, melhor dizendo, com obras cuja beleza é experimentada sob a égide do livre jogo das faculdades e sob o influxo de uma satisfação desinteressada. Submetidas à força do interesse e das inclinações, as sensações de som e cor parecem estar como que destinadas, de antemão, a motivar sentimentos agradáveis ou desagradáveis – e, portanto, nos quais apenas juízos de validade individual se deixariam fundamentar. Afinal, como Kant dirá: "Não se pode dizer com certeza: se uma cor ou um tom (som) são meramente sensações agradáveis, ou em si já um belo jogo de sensações e, como tal, trazem consigo uma satisfação face à forma no julgamento estético" (p. 260).

Com essa dificuldade diante dos olhos, coloquemo-nos, agora, no lugar daquele espectador "exemplar" de *Carmen*. O atributo belo poderia ser concedido a isso que vemos e escutamos? Se a resposta for afirmativa, tal conclusão não se deve, segundo a perspectiva kantiana, a nenhum *conhecimento* de nossa parte. Esse seria o caso se nos fossem transmitidas, antes ou ao longo da apresentação, algumas "dicas" acerca do espetáculo. Um historiador da arte talvez nos dissesse, por exemplo, que o contraste entre a sensualidade meridional da cigana Carmen – andaluz de pele morena e portadora de vistosa saia vermelha – e a candura virginal de Micaëla – menina do campo de origem basca, loira e coberta por vestido azul – personificaria a oposição entre a austeridade religiosa da região dos Pirineus e a sensualidade mediterrânea do Sul espanhol. Nenhuma dessas associações teria, porém, direta e necessariamente a ver com a experiência estética. Do contrário, quem ousaria distingui-la daquilo que se aprende, digamos, numa sala de aula?

No fundo, para sermos fiéis ao juízo estético, teríamos de assumir que o entendimento e a imaginação jogam entre si *antes* desses códigos de significação. Perguntar por que esta ou aquela personagem sorriu ou chorou, ou, ainda, buscar saber no que elas estão pensando seria, já, uma etapa posterior, pouco espontânea inclusive. Em vão, continuaríamos decidindo, "por argumentos, se algo deve ser belo ou não" (KANT, 2008, p. 150). Sob a ótica kantiana, *Carmen* seria bela justamente porque apraz sem conceitos predeterminados, ocasionando um julgamento da forma no conjunto das sensações. A organização rítmica – "divisão do tempo" – de sua abertura, por exemplo, poderia ser sentida por todos. E não só. Ainda que o teatro fosse tragicamente consumido pelas chamas, a "voz universal" nem por isso seria suprimida – pois a sensação rítmica diz respeito aos ouvintes, e não ao teatro. Como? Então o juízo não se baseia no mundo "real"? A ópera seria um acontecimento "sobrenatural"? É óbvio que não. Como todos os objetos que se movem no espaço, o movimento dos artistas sobre o palco também está submetido a determinadas leis físicas. E, embora não se confunda com a arte mecânica, a bela arte não é, afinal, um produto do acaso. Mesmo mestres incomparáveis como Bach ou Mozart tiveram que aprender a ler uma partitura; Michelangelo não teria sido o artista que foi, caso não soubesse empunhar um cinzel. Nesse sentido, Kant escreve: "[...] não há nenhuma bela-arte na qual algo de mecânico, que pode ser captado e seguido segundo regras, e assim algo de acadêmico, não constituísse a condição essencial da arte" (p. 248).

Mas contemplar um espetáculo apenas à luz de leis físicas ou em conformidade com certas regras "acadêmicas" equivale a colocar-se numa esfera avessa à arte, passando ao largo das outras funções da imaginação – mediante a qual, como vimos, o próprio ausente se faz presente. Aliás, normas fixas e obras de arte passarão a constituir universos distintos. À estética "clássica", prescritiva, Kant opõe a estética do gênio. É unicamente a este último que a arte deve seus preceitos e, por conseguinte, sua razão de ser. Tanto é assim que se lê: "[...] belas-artes têm de ser necessariamente consideradas como artes do gênio" (p. 246). Essa figura incomum, quase "abençoada", serve tanto para mostrar como uma atividade humana pode ser vista sem a representação de um fim específico e conceitualmente determinado, quanto para explicar de que maneira uma fabricação disciplinada pode aparecer-nos livre de quaisquer coerções, "como se fosse um produto da mera natureza" (p. 245). Diante do caráter desconcertante da obra genial, o espectador como que "se esquece" do artifício que a engendrou, de sorte que nada o impediria de visá-la como uma beleza natural. A respeito desta "farsa" consentida, Gérard Lebrun comenta: "[...] negamos a finalidade efetivamente presente na obra de arte para projetar, no seu lugar, a finalidade imaginária que um belo espetáculo da natureza suscitava" (LEBRUN, 1993, p. 538).

Esse fascínio auto-ofuscante torna-se possível a partir do momento em que a genialidade passa a ser caracterizada como um dom natural que dá à arte sua regra, pois, como o talento genial pertence à natureza, dir-se-á que se trata de uma espécie de instrumento pelo qual essa última concede à arte uma lei espontânea, e não uma norma exterior e impositiva: "Ora, como, mesmo assim, sem regra prévia um produto nunca pode chamar-se arte, é preciso que a natureza no sujeito [...] dê à arte a regra, isto é, a bela-arte só é possível como produto do gênio" (KANT, 1984, p. 246). Mas, parecer natureza não significa imitá-la. A obra genial não é uma cópia, mas um produto original, ou, mais precisamente, uma ideia estética. Dando ensejo à imaginação para alastrar-se mais e mais, esta última traria sempre algo de novo e alusivo, resultando numa representação intuitiva cujo sentido não se deixa decifrar de uma vez por todas. Como dirá Kant, trata-se de algo que "dá muito a pensar, sem que entretanto nenhum pensamento determinado, isto é, *conceito*, possa ser-lhe adequado, que conseqüentemente nenhuma linguagem alcança totalmente e pode tornar inteligível" (p. 251). E quem se arriscaria, afinal, a esgotar o sentido de um poema, gabando-se por ter encontrado sua derradeira definição?

Poder-se-ia objetar que, com isso, o pensamento perde em univocidade e precisão. E não estaria totalmente equivocado quem assim argumentasse. Mas convém lembrar que comentar uma obra de arte não é o mesmo que definir a massa atômica de um elemento químico. Suplantando todas as formulações teóricas, a ideia estética requer uma linguagem diferente como modo de expressão, o qual atinge as raias do não nominável. As próprias ideias da razão (liberdade, eternidade, etc.), por não terem nenhum correspondente adequado na intuição, precisam ser "sensificadas" por outras ideias, e, nessa medida, pressupõem o pensar associativo. Tanto é que, para expô-las, somos obrigados a escolher uma intuição que não tem qualquer semelhança de conteúdo com seus conceitos. É sempre por "analogia" que dizemos, por exemplo, que uma máquina simboliza um Estado despótico: "Pois

---

Friedrich Wilhelm Joseph **SCHELLING** (1775-1854) foi um influente filósofo alemão, tendo consagrado-se, em especial, ao problema da *unidade* entre os contrários – ex.: sujeito e objeto, real e ideal, espírito e natureza, etc. Autor de uma obra marcada por diferentes "fases", escreveu textos seminais para a reflexão estética – tais como, por exemplo, *Filosofia da arte* (1802) e *Sobre a relação das artes plásticas com a natureza* (1807). ∎

Considerado por muitos como o último grande pensador "sistemático", Georg Wilhelm Friedrich **HEGEL** (1770-1831) foi um dos fomentadores do assim chamado idealismo especulativo, o que o levou, entre outras coisas, a desenvolver e afirmar uma concepção inovadora de dialética ("motor da efetividade") e, sobretudo, uma noção pregnante de verdade enquanto totalidade. ∎

entre um Estado despótico e um moinho não há na verdade nenhuma semelhança, mas certamente entre as regras de refletir sobre ambos e sua causalidade" (Kant, 2008, p. 197).

O pensar analógico que é necessário à filosofia será, não por acaso, albergado pela Estética, a qual já não hesitará em ver, nisso, efetivos ganhos em termos de abertura reflexiva. Conhecer uma coisa como ela *mesma* não cede tanto espaço, à reflexão, quanto conhecê-la como sendo *análoga* à outra. Como bem lembra Ursula Brandstätter: "Relações de semelhança são, fundamentalmente, relações abertas" (Brandstätter, 2008, p. 23). Pouco importa que as leis que regem o objeto em questão não encontrem amparo num fundo semântico plenamente codificado. Afinal, a intuição em pauta não supõe um correspondente perfeitamente adequado. E tampouco é acidental que, seguindo a esteira do kantismo, a ponderação estética dê ocasião a hipóteses "simbólicas" de interpretação da arte e da natureza. É isso que marcará o surgimento da assim chamada Estética do Idealismo Alemão, e, com ela, das visões de mundo de Schelling e Hegel.

Sugestões de atividades

A A partir do esquema "quádruplo" sugerido na Apresentação – exposição conceitual, leitura, comentário de texto e livre debate –, procure desenvolver a passagem de Hume indicada logo a seguir (*vide* Textos complementares), de modo a explicitar o paradoxal subjetivismo à base do "padrão do gosto". Como tarefa suplementar, peça a cada aluno para confrontar os resultados da argumentação humiana com a atual padronização do gosto, alcançada e instituída, na maior parte das vezes, pelos modernos órgãos de formação de opinião.

B Fiando-se no modo de trabalho anteriormente proposto, explore a seção do texto de Kant reproduzida logo a seguir (*vide* Textos complementares), na esperança de aprofundar a noção de gênio, lembrando a todos a dupla função que esta exerce dentro da ponderação kantiana – tanto em relação à natureza quanto no tocante aos produtos artificiais. Para incrementar a reflexão a esse propósito, procure lançar questões tais como: você acredita em genialidade? Tratar-se-ia de um dom "natural" ou de um talento "adquirido"? Considerando o conjunto da obra de um grande mestre, seria possível afirmar que todas as suas criações são igualmente belas? Peça aos alunos, então, exemplos e justificativas.

Textos complementares

Hume

"O gosto não consegue perceber as várias excelências do objeto, e muito menos consegue distinguir o caráter particular de cada excelência e determinar sua qualidade e seu grau. O máximo que pode esperar-se é que declare de maneira geral que o conjunto é belo ou disforme, e é natural que mesmo esta opinião só seja formulada, por uma pessoa com tanta falta de prática, com a maior hesitação ou reserva. Mas se a deixarem adquirir experiência desses objetos seu sentimento se tornará mais exato e mais sutil. Não apenas perceberá as belezas e defeitos de cada parte, como também assinalará o caráter distinto de cada qualidade e proferirá a aprovação ou censura adequada. Toda a sua contemplação dos objetos é acompanhada por um sentimento claro e distinto, e é capaz de distinguir o próprio grau ou tipo de aprovação ou desprazer que cada parte está naturalmente destinada a provocar. Dissipa-se aquela névoa que antes parecia pairar sobre o objeto. O órgão adquire maior perfeição em suas operações, e torna-se capaz de pronunciar-se, sem perigo de erros, sobre os méritos de qualquer produção. Numa palavra, a mesma competência e destreza que a prática dá a execução de qualquer trabalho é também adquirida pelos mesmos meios, para sua apreciação" (HUME, 1992, p. 266).

Kant

"Nisto todos concordam: que gênio deve ser inteiramente oposto ao *espírito de imitação*. E, como aprender nada é senão imitar, a máxima aptidão, facilidade de assimilação (capacidade) como tal, não pode valer como gênio. Mas mesmo quando alguém pensa ou inventa por si mesmo, e não meramente aprende o que outros pensaram, e até mesmo descobre algo para a arte ou a ciência, também isso ainda não é fundamento justo para se denominar uma tal (muitas vezes poderosa) *cabeça* um *gênio* [...] Assim, tudo aquilo que Newton expôs em sua obra imortal sobre os princípios da filosofia natural, por mais poderosa cabeça que seja requerida para inventar tais princípios, pode-se perfeitamente aprender; mas não se pode aprender a fazer poemas com espírito, por mais exaustivas que sejam todas as prescrições da arte poética e por mais excelentes que sejam seus modelos" (KANT, 1984, p. 247).

Sugestões de leitura e filmes

Livros

MARQUES, Ubirajara Rancan de Azevedo (Org.). *Kant e a música*. São Paulo: Barcarolla, 2010.

DUARTE, Rodrigo (Org.). *Belo, sublime e Kant*. Belo Horizonte: Editora UFMG, 1998.

Filmes

Janela da alma (Distribuidor: Europa Filmes). Documentário dirigido por João Jardim e Walter Carvalho, lançado em 2002, e do qual constam 19 depoimentos de pessoas com "problemas" visuais. Explora, em profundidade e com delicadeza, os múltiplos sentidos da visão.

Agonia e êxtase (Estúdio/Distribuidor: Twentieth Century Fox). Com Rex Harrison no papel do Papa Júlio II e Charlton Heston interpretando Michelangelo, o filme narra as vicissitudes da pintura do teto da Capela Sistina. Além de outros, a obra acumula o mérito de mostrar, com sensibilidade, o drama físico e espiritual que os gênios, em geral, têm de enfrentar.

CAPÍTULO 3
ESTÉTICA DO IDEALISMO ALEMÃO

Objetivos do capítulo

a) A partir das hipóteses globais de interpretação criadas por G. W. F. Hegel e F. W. J. v. Schelling, mostrar de que modo ambos concebem a relação entre arte e natureza; b) admitindo que a exposição artística une aquilo que a especulação separa, indicar o sentido e o alcance das séries real e ideal na *Filosofia da arte* de Schelling; c) com base no aceite de que à arte cabe dar ao espírito sua presença sensível adequada, esclarecer a "magia" da bela aparência em Hegel; d) contextualizar a famigerada tese acerca do "fim da arte", tradicionalmente imputada à ponderação hegeliana; e) e, por fim, sem insinuar uma identidade entre as respectivas visões de conjunto, apontar algumas semelhanças conceituais entre os dois autores.

Schelling: na arte, a filosofia

Com a figura do gênio, desloca-se o próprio centro em torno do qual orbitava a sensibilidade artística. Na intuição genial, como dirá Cassier a esse propósito, "cumpre-se, para os homens, a passagem do mundo das criaturas para o mundo da criação, do universo como soma de toda realidade objetiva para as forças criadoras que o constituíram e sustentam-no interiormente" (CASSIRER, 1997, p. 416). Ora, se o ser humano não mais se coloca como uma criatura passiva diante da totalidade das forças que o cruzam e constituem, sua posição frente à natureza tem de mudar, vendo-se obrigado a assumir a perspectiva de uma existência que participa ativamente do plano que designa os produtos naturais. Também a Estética não sairá incólume de tal redimensionamento, algo que se tornará evidente nas concepções estéticas que nascem e crescem a partir do assim chamado Idealismo Alemão, e, em especial, no interior das filosofias afirmadas por Schelling e Hegel. Comecemos, pois, pelo primeiro.

A 12 de outubro de 1807, Schelling profere um instigante discurso na Academia Bávara de Ciências – entidade na qual, aliás, havia recentemente ingressado. Revelador, seu título decerto dá o que pensar: *Sobre a relação das artes plásticas com a natureza*. Com ele, o filósofo espera

---

Aproveitando-se do solo fértil a partir do qual nasceu e cresceu a filosofia de Kant, o assim chamado **IDEALISMO ALEMÃO** (séc. XVIII-XIX) não surge do nada. Para situá-lo historicamente, é preciso evocar dois grandes e importantes movimentos culturais. O primeiro deles vem à tona, ao final do século XVIII, sob o nome de *Aufklärung* – termo comumente traduzido por "Esclarecimento", "Iluminismo" ou "Ilustração". Confiantes nos poderes emancipatórios da reflexão filosófica, os idealistas alemães fiam-se, por um lado, na tradição da filosofia das luzes, conhecida, antes de tudo, pela sua tentativa de rechaçar as sombras da ignorância e dissipar as trevas da superstição mediante um ponto de vista de apreciação mais claro e objetivo, isto é, livre das injunções imediatas impostas pelos prejuízos e preconceitos morais. O segundo movimento à base de tais empreendimentos vem à baila, noutra direção, sob o curioso nome de *Sturm und Drang* – habitualmente traduzido por "Ímpeto e tempestade". Romântico no fundamento, tal movimento opõe-se ao assim chamado "Esclarecimento" na medida em que, em vez de enaltecer o internacionalismo cosmopolita e a universalidade atávica da razão, enfatiza as sutilezas da cultura e língua alemãs, supondo, de resto, uma visão mais vital e dinâmica do universo – contrária, portanto, à concepção marcadamente mecanicista segundo a qual a unidade da natureza é determinada por leis imutáveis e gerais. Pode-se dizer, então, que é na esteira dessas duas visões de conjunto que surge e desenvolve-se o portentoso empreendimento filosófico intitulado Idealismo Alemão, tendo como referências seminais as doutrinas elaboradas por Fichte, Schelling, Hegel e, posteriormente, Schopenhauer. ■

tornar patente aquilo que julga ser um equívoco gerado pelo princípio da "imitação da natureza" – postulado que, como vimos, já havia sido seriamente desestabilizado por Kant. Contundente, o resultado a que o texto tenciona nos conduzir é o de que, enquanto a natureza continuar sendo emulada como uma imagem muda e morta – como "um esqueleto oco de formas" (SCHELLING, 2004, p. 56) –, o artista continuará preso à crença de que suas criações são meras alegorias ou signos secundários da realidade. Ou seja: enquanto não descobrir o "ideal" no interior do próprio "real", toda atividade artística está fadada a naufragar, sem perceber que "a ideia de uma natureza viva e criadora não foi, em absoluto, despertada por ela" (p. 58). É essa natureza viva e criadora que o artista deveria, à sua maneira, reproduzir, e não o produto natural privado de significação. Somente assim lhe seria facultado "elevar-se à força criadora" (p. 64). Se sua tarefa consistisse em copiar tudo o que existe com fidelidade subalterna, "talvez lhe fosse dado produzir larvas, mas de modo algum obras de arte" (p. 64).

Apesar de sua veemência, tal apreciação condenatória só se faz entender quando se tem em mente a visão de conjunto esposada por Schelling. Ocorre que, ao conceber o mundo como um organismo ativo e inventivo, incapaz de desvincular seus produtos de sua produtividade, o filósofo alemão é levado a sustentar uma espécie de identidade estrutural entre espírito e natureza. Tanto é assim que, numa de suas formulações mais lapidares, dirá: "A natureza deve ser o espírito visível, e o espírito, por seu turno, a natureza invisível. Aqui, então, na absoluta identidade entre o espírito em nós e a natureza fora de nós, deve ser solucionado o problema quanto à possibilidade de uma natureza fora de nós" (SCHELLING, 1861, p. 56). Mas, justamente em virtude de tal isomorfismo, já não será suficiente criticar apenas a figura heliocêntrica de um Eu que desconhece limites e atribui a si mesmo a produção dos objetos exteriores; caberá ainda apontar para a unilateralidade do positivismo cientificista, que afirma a primazia das leis naturais frente ao espírito e supõe uma realidade independente de todo condicionamento subjetivo. Mais próxima de uma dimensão reflexiva do que da investigação empírica propriamente dita, a hipótese schellinguiana de interpretação da natureza virá à tona, não por acaso, sob a égide de uma curiosa espécie de física: "Filosofia da natureza é física especulativa" (p. 274).

Schelling não ignora, é claro, a eficácia do método científico e tampouco subestima o registro emancipatório das ditas ciências da natureza. Ocupa-se, ao contrário, de seu estudo qualificado e responsável. O engano estaria, a seu ver, na megalômana e imprudente presunção de transformar as suposições científicas em chaves para uma compreensão "objetiva" dos acontecimentos. Não por acaso, ressaltará que a física exclusivamente mecânica "se dirige apenas à superfície da natureza, bem como àquilo que nela há de objetivo e, ao mesmo tempo, exterior" (p. 275). Porque acredita que este último também pode ser explicado a partir das forças naturais, a física especulativa empenhar-se-á em mostrar que a natureza forma, não ao lado, mas junto com o homem, uma unidade infinitamente produtiva. Para aquilo que nos importa, isso significa que a disjunção entre os produtos naturais e as belas obras de arte reside no fato de que, nos primeiros, a atividade responsável por sua constituição acha-se velada em termos finalísticos, ao passo que, nas obras de arte, a atividade produtiva seria consciente. Não é à toa que, redimensionando essa orientação, o autor da *Filosofia da arte* tratará então de dispor as formas artísticas em séries distintas, a depender se nelas prepondera o aspecto físico ou o lado espiritual, mas sem perder de vista que tal distinção marca apenas uma diferença de grau, já que ambos remetem a uma matriz dialética comum: "Aquilo que conhecemos na história ou na arte é essencialmente o mesmo que também existe na natureza" (SCHELLING, 2001a, p. 28-29).

Além de outras, uma consequência curiosa dessa perspectiva é a escolha da música para ocupar o primeiro lugar no interior da série que designa a chamada unidade real – "física" por excelência –, ao lado da pintura e da plástica. Mais do que uma simples extravagância, a escolha reflete uma opção metodológica. Poder-se-ia ter irmanado a música às suas potencialidades paralelas no interior da série ideal, como, por exemplo, ao lado da poesia lírica – já que, liberta das dimensões espaciais que caracterizam a pintura e escultura, à música, como matéria vibrante, conviria o mínimo de suporte material. Mas é justamente isso que Schelling quer evitar. Em vez de reduzi-la a uma arte dos sentimentos ou validar o triunfo da subjetividade, ele espera pôr em evidência que a música nada mais é que o "ritmo prototípico da própria natureza". E não é acidental o fato de ele iniciar seu discurso sobre a música, no § 76 da mencionada obra, estabelecendo um paralelismo entre a sonoridade e o magnetismo – categoria física que, no contexto da filosofia da natureza, define o primeiro momento da construção da matéria. Não há, afinal, como isolar os polos magnéticos de um ímã. Este, vindo a se romper, converte-se num novo magneto, reproduzindo as extremidades opostas, sendo que, no caso em questão, o mais relevante é o fato de que, por ser nula, a divergência do campo magnético não permite o monopólio de nenhum dos lados. E essa indiferença, dirá Schelling, "só ocorre na sonoridade, pois esta = magnetismo" (p. 148).

Também na esfera que designa a pintura – pensada "em sua qualidade simbólica" (p. 177) – o autor da *Filosofia da arte* espera retomar o esquema geral dado pela síntese entre sujeito e objeto, de sorte a revelar, numa chave mais "ideal", a indiferença que vigora à base de ambos. Seu argumento fundamental considera que, como uma espécie de exigência mínima feita à pintura, o desenho é a primeira dimensão pela qual a unidade é apreendida em formas particulares, ou, como ele mesmo dirá, "a primeira apreensão-em-um da identidade na particularidade" (p. 173). Em sua mera presença, o traço destaca-se da superfície em que foi delineado. Instituindo forma, diferencia-se e delimita-se daquilo que o cerca, sendo que, como qualquer outro objeto, a pintura só se tornaria possível pela limitação de um espaço dado, isto é, pelo contorno ou circunscrição de sua própria identidade. Daí o desenho figurar como a condição de possibilidade da própria pintura: "A forma é, portanto, o que há de primeiro nas coisas [...] Mas todas as formas dependem do desenho. Portanto, somente pelo desenho a pintura é, em geral, arte" (p. 174). Não se limitando a significar o espaço, mas sendo um com ele, o desenho tomaria sobre si a tarefa de constituir sua própria forma e, pelo mesmo movimento, o espaço pictórico enquanto tal.

Mas considerada em sua primeira dimensão, em uma unidade puramente quantitativa, a pintura não passa de uma unidade incompleta, carente, como o ritmo na música, de unidades ulteriores. Donde o papel exercido por outra importante categoria, a qual lhe permitirá, por assim dizer, transcender sua própria limitação: "Fundir novamente essa particularidade, como diferença, na identidade e suprimi-la como diferença é a arte propriamente dita do claro-escuro, que, por isso, é a pintura na pintura" (p. 173). É o claro-escuro que torna possível a aparência do corpóreo, já que é mediante luz e sombra que descobrimos a espessura dos corpos. Sendo a parte "mágica" da pintura, o claro-escuro dá ocasião para que a ilusão atinja o ápice de sua intensidade, ensejando figuras não apenas sob uma perspectiva linear, senão que, mediante os efeitos da luz, sob uma ótica aérea – única capaz de salientar a distância e profundidade em que os objetos são representados. Levando a aparência ao extremo, o claro-escuro não se limitaria a destacar as figuras umas das outras, mas tornaria factível, inclusive, a "autonomia" das imagens, conferindo-lhes uma espécie de "luz própria". A esse efeito seríamos levados em grau superlativo pelo quadro *A noite* (Figura 6), de Correggio, obra na qual, como lembra-nos Schelling, "uma luz imortal, irradiando da criança, ilumina mística e misteriosamente a noite escura" (p. 184).

A essa altura, porém, cabe uma ressalva. Embalada pela crença de que quanto menos a forma se deixar contaminar pela matéria tanto maior será sua perfeição, a tradição filosófica tende a afirmar, tácita ou explicitamente, que o corpóreo é movido pela necessidade de atingir a plenitude formal, e, por esse trilho, a impecabilidade em si. Defende, em geral, que o imperfeito tem que se tornar atuante para, a partir do encaminhamento rumo à sua realização, atingir a derradeira completude. Dando-se a conhecer como o núcleo racional das coisas em si mesmas, a forma "pura" e "abstrata" só pôde obter, desse modo, a precedência em coisas do espírito, pretendendo valer, de resto, como o elemento mais decisório da arte. Para Schelling, porém, isso estaria

---

Antônio Allegri (c. 1489-1534), conhecido como **CORREGGIO**, devido ao nome de sua cidade natal, foi um pintor da Renascença italiana contemporâneo de Leonardo e Rafael; mas, à diferença destes últimos, tornou-se atuante pelo estilo mais introspectivo e, por vezes, sombrio. ■

longe de ser evidente. A seu ver, é a particularidade e a concretude do objeto que o tornam universal, e não sua forma genérica e ilimitada. Tanto é assim que assevera: "Comumente, tu concebes o formato de um corpo como uma limitação, da qual ele padece; mas, se tu visses a força criadora, então ele se te revelaria como uma medida que a força se impõe a si mesma, e na qual ela aparece como uma força verdadeiramente inteligente" (SCHELLING, 2004, p. 67).

FIGURA 6.
Noite Santa (1528-30 [*Gemäldegalerie, Dresden*]), de Corregio (Antonio Allegri [1489-1534]).

Com isso, ganha peso uma problemática que também se achará presente, noutro contexto e com outros contornos, na portentosa reflexão de Hegel: o trânsito entre o universal e o concreto, a essência e a aparência. Mas, como conciliar as ponderações de Schelling com a estética, aparentemente oposta, afirmada pela filosofia hegeliana – segundo a qual a música, contentando-se com o mínimo de suporte sensível, dirige-se ao diretamente espírito? E o que dizer sobre a famigerada tese acerca do "fim da arte", tradicionalmente atribuída a Hegel? Eis, aí, o nosso próximo desafio.

Hegel: a bela aparência do espírito

Pode-se dizer que, com Hegel, a imbricação arte/natureza mudará de direção, mas porque o ato de criação e o produto criado mudarão, mais intensivamente, de estatuto. Em presença da obra de arte, já não nos limitamos a vivenciar, graças à pessoa do gênio, uma técnica cujas "regras" coube à própria natureza propiciar. Tomando a arte como um momento da cultura humana, a interpretação hegeliana das obras de arte não dará preferência à beleza natural. Sua argumentação orienta-se, de saída, pela questão acerca da relevância da arte *para nós*, vetores e intérpretes da cultura. "Pois os produtos do conjunto das artes", diz-nos Hegel, "são obras do espírito e, portanto, não estão imediatamente prontos no interior de seu domínio determinado tal como as configurações da natureza" (HEGEL, 2002, p. 16). E, justamente porque não estão "imediatamente prontas", as obras de arte pressupõem "um crescer, florescer e degenerar" (p. 16), sendo que a tarefa da Estética será, em última análise, refazer os momentos desse despertar e progredir, mostrando seus caminhos e determinações fundamentais.

Ora, se cada arte floresce e amadurece como obra *da* cultura, seria enganoso achar que o mundo artístico teve início com o mundo natural. É claro que a natureza – a "noiva do espírito" –, atuando como um primeiríssimo espelho da consciência, é indispensável para compreender o devir do próprio espírito, o tornar-se consciente da consciência mesma. Mas, aqui, encontrar a pré-história do espírito equivale a encontrar as marcas de um contramovimento de diferenciação, que separa o ser humano das forças telúricas e irrefletidas de seu passado. A questão é, por isso mesmo, de outra ordem: trata-se de saber se a investigação da natureza, por mais imprescindível que seja, pode satisfazer a todas as nossas inquietações "espirituais". Noutros termos: é imperioso conservar a natureza, não para opor a vida consciente aos processos naturais, mas para descobrir até que ponto os conceitos se encontram realizados nestes últimos. Como dirá o autor da *Fenomenologia do espírito*: "Há que se considerar o fazer da razão observadora nos momentos de seu movimento, como ela apreende a natureza, o espírito, e, finalmente, a relação entre ambos como ser sensível, e como busca a si mesma como efetividade existente" (HEGEL, 2000, p. 192).

O âmbito natural, deixando de ser pensado apenas como espírito desgarrado e fora de si, passa a indicar uma inteligibilidade que lhe é própria. Para compreender a mecânica dos seres vivos, não basta constatar, por exemplo, a relação de adaptação entre a girafa e a altura das folhagens de que ela se serve. Trata-se de ensaiar uma resposta ao enigma da transformação de seu pescoço: por que e como surgem, no interior do organismo, variações espontaneamente adaptativas, plásticas, inventivas? Um estímulo externo, ao alterar as funções reguladoras básicas, decerto pode vir a modificar a dinâmica entre elas. Mas a questão é saber se a passagem das folhagens para o pescoço da girafa é mesmo necessária, por mais ricas e criativas que sejam as transformações do organismo. Afinal de contas, como a "Observação do orgânico" irá indicar: "[...] no conceito de mar não se encontra implicado o da estrutura dos peixes, no conceito de ar o da estrutura das aves" (p. 202). A adaptação, justamente por não se tratar de uma réplica passiva do meio, implica uma questão teleológica que ultrapassa o "observável" e se acha, em termos de sua efetividade especulativa, como que "acima" da natureza. Assim, longe de encontrar graus de individuação de um mesmo princípio por toda parte, Hegel estará mais disposto a operar distinções qualitativas no seio do próprio mundo natural – no qual a razão se reencontrará apenas parcialmente. Como lembra Jean Hyppolite, "[Hegel] vê na natureza antes uma queda da Idéia, um passado da razão, que uma manifestação absoluta da razão" (Hyppolite, 1999, p. 259).

Ora, é precisamente esta "queda" que se deixa entrever, uma vez efetuadas as necessárias mudanças, no chamado declínio da arte. Signo deste último seria o paulatino atrofiamento sensível da própria figuração artística. Esta continua, é claro, sendo um construto material, mas, em sua exposição, passa a exigir cada vez menos matéria. Ocorre que, nascidas do espírito, as belas obras de arte seriam elas mesmas de natureza espiritual – a despeito do suporte sensível no qual têm necessariamente de aparecer. Sob este ângulo, dirá Hegel, "a arte já está mais próxima do espírito e de seu pensar do que a natureza apenas exterior e destituída de espírito" (Hegel, 2001, p. 37). Nem por isso a arte deixa de inspirar-se na natureza. Tanto é assim que, em seu despertar, ela não simboliza diretamente a espiritualidade humana, senão que elementos ligados à animalidade, dando a obeliscos e torres fálicas a "Forma dos órgãos reprodutores" (p. 45). "Também a arquitetura egípcia", continua Hegel, "a qual ainda não se libertou para abstração de suas intenções, retira estas Formas diretamente da natureza" (p. 59).

"Retirar" da natureza não significa, porém, copiá-la. Se certos ornamentos arquitetônicos assemelham-se às ramagens de um dado vegetal, suas determinações artísticas não se veem, por isso, menos livres. Aqui, dir-se-ia, "a imitação não é fiel à natureza" (p. 60). E, afinal de contas, não é preciso ser hegeliano para saber que, se observações de pássaros podem ter ajudado a criar máquinas voadoras, nem por isso estas são reproduções de seres naturais. Quando se trata de "coisas do espírito", há sempre mais coisas do que aquilo que vemos. A caverna difere da casa não só pela diferença entre a rocha e o tijolo, mas em virtude daqueles que nelas vivem, sentem, pensam e falam... O limite da arte se afina, assim, com os limites da natureza: ponto além do qual a obra já não se dirige unicamente aos sentidos, mas ao espírito, e aquém do qual a objetividade requer, como condição de sua compreensibilidade, uma consciência que ela mesma não possui.

Essa curiosa espécie de supressão da materialidade não seria, porém, somente uma possibilidade dentre outras, senão que uma "tendência" da arte. Daí a pintura – que consiste, já de si, numa redução das dimensões tridimensionais da escultura à superfície plana – não "mais se contentar com a matéria não particularizada [...] e sim deve apenas escolher a aparência e a *aparência da cor* dela como meio de expressão sensível" (HEGEL, 2002, p. 278). E, no fundo, seríamos levados a acreditar que, pela representação artística, o mundo converte-se em algo que, à primeira vista, ele não é. Assim é, por exemplo, que a paradigmática pintura holandesa do século XVII, ao apresentar as relações da vida caseira a partir do encanto das cores, reproduz um momento ideal e único: "[...] é o domingo da vida que tudo nivela e afasta toda maldade" (p. 275). Se observarmos os mestres holandeses com estes olhos transfigurados, diz Hegel, "não mais acharemos que a pintura deveria ter-se abstido de tais objetos e apenas ter representado os deuses antigos [...] os papas, os santos e as santas" (p. 276). Tornando fascinante o que na existência prosaica nos deixaria indiferentes, a pintura não precisa mais representar as imagens de madonas para apreender, com frescor e fantasia, os recônditos da alma. Na superfície da bela aparência, até mesmo um músico errante (Figura 7) torna-se admirável. E, por falar nisso, como fica a música em tal contexto? A seu respeito, lê-se:

> Para a expressão musical [...] é unicamente apropriado o interior inteiramente sem objeto, a subjetividade abstrata como tal. Esta é nosso eu inteiramente vazio, o si-mesmo sem conteúdo mais amplo. A tarefa principal da música consistirá, por isso, em deixar ressoar não a objetividade mesma, mas, ao contrário, o modo no qual o si-mesmo mais íntimo é movido em si mesmo segundo a sua subjetividade e alma ideal (p. 280).

Expressão dos recônditos da alma, o som assume a tarefa de ecoar o sentimento no qual ele mesmo se vê enredado. Mais até. Como puro ressoar do interior, a música seria, a seu modo, uma espécie sutil de negação da aparência sensorial. Vindo a ser como matéria vibrante, para, logo em seguida, abismar-se no silêncio, o som é uma "exterioridade que em seu surgimento se aniquila novamente por meio de sua existência mesma e desaparece em si mesma" (p. 279). No fundo, a conclusão a que se chega é a de que a sonoridade tal e qual, o som enquanto "matéria bruta", é um momento que a música já deveria, ao menos em princípio, ter superado. Não por acaso, a poesia surgirá, em tal contexto, como um ponto de convergência privilegiado: feita para ser a um só tempo "compreendida" e "entoada", a palavra poética adere ao som, mas sua transparência conceitual não depende da forma sonora para adquirir legitimação. Simbiose viva entre o espírito e a matéria, a voz humana possui

FIGURA 7.
Músico errante (1648 [Museu Hermitage, São Petersburgo]), de Adriaen van Ostade (1610-1685).

cordas e canal de ar, mas à diferença dos instrumentos musicais, pode "falar", dando às significações não só uma aparência sensível, senão que clareza significativa. E, por isso mesmo, seria a única a fazer efetivamente jus à tarefa da arte, a saber: ajudar o espírito a "apreender-se em seu outro, transformando o que é estranho em pensamento e, assim, o reconduzindo de volta a si" (HEGEL, 2001, p. 37).

É claro que, hoje em dia, estaríamos longe de venerar a produção artística como algo "mágico", "venerável" ou "divino". O próprio Hegel, como que profetizando tal dessacralização, escreve: "O fato é que a arte não mais proporciona aquela satisfação das necessidades espirituais que épocas e povos do passado nela procuravam e só nela encontraram; uma satisfação que se mostrava intimamente associada à arte, pelo menos no tocante à religião. Os belos dias da arte grega assim como a época de ouro da Baixa Idade Média passaram" (p. 35). Mas não se trata, para o autor de tais linhas, de resignar-se a tal inacessibilidade ao passado. Este, na medida em que pode ser historicamente apreendido, não é uma fatalidade inexplicável. É olhando o que "já passou" que percebemos a diferença que nos distingue. Na condição de alunos e professores, podemos certamente estudar a arte medieval, mas o que não podemos é "vivenciá-la". Como artistas, podemos inclusive recuperá-la, reeditando-a, mas o que não podemos é apresentá-la ao mesmo público a que se destinava. Como nos lembra Arthur Danto, "não somos homens das cavernas, nem medievais devotos, principezinhos barrocos, boêmios parisienses nas fronteiras de um novo estilo ou literatos chineses" (DANTO, 2006, p. 220). E, já que o sentido do termo "obra de arte" é histórico, variando de um período a outro, é natural que as produções, nos seus diferentes períodos, não se identifiquem umas com as outras, senão que traduzam, cada qual, o modo de vida a que correspondem. Sob tal ótica, a arte clássica *tem* de nos parecer diferente da nossa...

É claro que seria politicamente mais correto dizer que *arte é arte*, sempre e em qualquer lugar, não havendo diferença de grau ou gênero que pudesse tornar um estilo superior ou preferível a outro. E, de fato, a concepção de Hegel rendeu-lhe – muitas vezes, injustamente – a fama de ter decretado o "fim da arte". Partindo da premissa de que a obra de arte teria deixado de cumprir sua função original – transfigurar o real, afastando "toda maldade" –, o filósofo teria, então, anunciado sua morte na modernidade. O que ele formula, no entanto, é o "caráter de passado" da arte segundo uma de suas possibilidades. Que esta seja, para a estética hegeliana, a possibilidade mais elevada, eis o que não implica a exclusão de outras possibilidades de aplicação. Aliás, num certo sentido, a própria filosofia passaria a assumir a missão até então delegada à arte. Como sublinha Annemarie Gethmann-Siefert: "Hegel parece conceber seu próprio sistema de filosofia como um substituto à arte. A filosofia toma para si o papel histórico de mediação da verdade, o qual outrora cabia à arte (e à religião)" (GETHMANN-SIEFERT, 2005, p. 362).

E Schelling? Teria ele ainda algum crédito em tal contabilidade teórica? Em nosso entender, mais importante do que identificar as divergências entre Hegel e Schelling é, em última análise, assinalar a comunidade de suas intenções. Como foi alusivamente indicado, a consequência a que Hegel espera nos conduzir é a de que o sensível constitui apenas um meio para que a arte apresente o espírito que a cruza e constitui. Ele mesmo, aliás, dirá que a palavra "sentido" diz respeito, por um lado, aos "órgãos da apreensão imediata; por outro, no entanto, denominamos sentido o significado, o pensamento, o universal da coisa" (HEGEL, 1986, p. 173). Também Schelling, ao tornar operatória a noção de "símbolo" – identificado à melodia, no caso da música, mas também ao colorido, no caso da pintura –, pretende recuperar a unidade originária entre forma e conteúdo, cuja exposição não se contenta com o mero ser sem significação, mas tampouco com a mera significação. Donde a célebre exortação: "[...] queremos que aquilo que deve ser objeto da exposição artística absoluta seja tão concreto, somente igual a si mesmo, quanto a imagem, e, no entanto, tão universal e pleno de sentido, quanto o conceito" (SCHELLING, 2001a, p. 74). No fundo, Schelling e Hegel afirmam e desenvolvem

---

Arthur **SCHOPENHAUER** (1788-1860) foi um filósofo alemão e autor d'*O mundo como vontade e representação*. Em tal obra, sob a influência de Platão, Kant e dos *Upanishaden*, o "solitário de Frankfurt" elabora aquela que viria a ser sua mais abrangente e influente hipótese de interpretação da natureza, da arte e da moral: a "metafísica da Vontade". ■

uma inter-relação umbilical entre o universal e o particular, o sentido e a imagem. A diferença estaria no fato de que ambos buscaram esta mesma "lógica" por caminhos distintos. Haveria, porém, um terceiro caminho? Não mediante a natureza, que vejo e observo; tampouco através do espírito, que sinto e com o qual me identifico, senão que por meio da Vontade, que me move e me impele a desejar mais e mais... Esse foi, como veremos a seguir, o caminho trilhado por Schopenhauer.

Sugestões de atividades

A À luz do modelo "quádruplo" sugerido na Apresentação – exposição conceitual, leitura, comentário de texto e livre debate –, esforce-se para mostrar o sentido e o alcance das séries real e ideal no pensamento de Schelling, lembrando sempre que, para este último, a exposição artística une aquilo que a especulação separa. Para tanto, utilize a passagem da *Filosofia da arte* seccionada logo abaixo (*vide* Textos complementares). Como atividade extra, peça a cada grupo para navegar nos *sites* de museus de arte disponíveis *on-line* – ex.: http://www.rijksmuseum.nl/, http://www.uffizi.com/ e http://masp.art.br/masp2010/ –, no intuito de identificar e descrever, a partir de obras específicas, a "ilusão" criada pelo *claro-escuro*.

B Com base no procedimento proposto na Apresentação, refaça os movimentos do texto de Hegel indicado logo a seguir (*vide* Textos complementares) a fim de caracterizar a missão "espiritual" da arte, visando a vinculá-la à famigerada tese acerca do "fim da arte". Como tarefa complementar, sugira aos alunos que entrem em contato com algum artista contemporâneo, de modo a obter informações detalhadas sobre suas atividades, anotando-as de forma descritiva. Encerrada essa etapa, peça a cada um que compare suas anotações com as dos demais colegas, procurando descobrir se ainda seria possível estabelecer uma definição "essencial" de obra de arte. Aqui, as seguintes perguntas podem ser lançadas: a não descritividade estética dos objetos é um obstáculo à sua apresentação artística? Qualquer objeto pode ser "arte", ainda que não seja belo?

Textos complementares

Schelling

"O acréscimo 'arte' em 'filosofia da arte' apenas restringe, mas não suprime, o conceito universal da filosofia. Nossa ciência deve ser filosofia. Isso é o essencial; que deva ser filosofia precisamente em referência à arte, isso é o acidental de nosso conceito. Mas então nem o acidental de um conceito pode de modo algum modificar o essencial dele, nem a filosofia, em particular como filosofia da arte, pode ser algo outro que o que é, considerada em si e absolutamente. Filosofia é absolutamente e essencialmente uma coisa só" (SCHELLING, 2001a, p. 28).

Hegel

"Pode-se inicialmente postular que o espírito tem a capacidade de se observar, de ter uma consciência e, na verdade, de ter uma consciência *pensante* sobre si mesmo e sobre tudo o que dele decorre. Pois, é justamente o *pensar* que constitui a natureza mais íntima e essencial do espírito. Este somente se comporta segundo sua natureza essencial quando está verdadeiramente presente nesta consciência pensante de si e de seus produtos, não importando o grau de liberdade e de arbítrio que ainda possam ter. A arte e suas obras, decorrentes do espírito e geradas por ele, são elas próprias de natureza espiritual, mesmo que sua exposição acolha em si mesma a aparência da sensibilidade e impregne de espírito o sensível. Neste sentido, a arte já está mais próxima do espírito e de seu pensar do que da natureza apenas exterior e destituída de espírito [...] No entanto, se as obras de arte não são pensamento e conceito, mas um desenvolvimento do conceito a partir de si mesmo, um *estranhamento* na direção do sensível, então a força do espírito pensante reside no fato de *não apenas* apreender *a si mesmo* em sua Forma peculiar como pensamento, mas em reconhecer-se igualmente em sua *alienação* no sentimento e na sensibilidade" (HEGEL, 2001, p. 36-37).

Sugestões de leitura e filme

Livros

FILHO, Rubens Rodrigues Torres. *Ensaios de filosofia ilustrada*. São Paulo: Iluminuras, 2004.

WERLE, Marco Aurélio. *A poesia na estética de Hegel*. São Paulo: Associação Editorial Humanitas/Fapesp, 2005.

Filme

Moça com brinco de pérola (Distribuidor: Pathé; Reino Unido/Luxemburgo [2003]). Recuperando o "claro-escuro" da pintura holandesa do século XVII, o filme descreve, de modo fictício, como o pintor Jan Vermeer (1632-1675) teria produzido seu célebre quadro homônimo. Além de outros, a película tem o mérito de mostrar a maneira como a pintura, ao debruçar-se sobre temas simples e prosaicos, afastando-se, pois, do cânone clássico e idealizado da beleza, adquire o ápice de seu poder transfigurador.

CAPÍTULO 4
A IDEIA REENCONTRADA E O GÊNIO POR UM TRIZ

Objetivos do capítulo

a) Expor, em linhas gerais, os contornos da assim chamada metafísica schopenhaueriana do belo; b) explicar de que modo Schopenhauer espera conceder à música credencias especulativas que a tornariam superior às demais artes; c) refazer os argumentos por meio dos quais Nietzsche – em especial, em *Humano, demasiado humano* – empreende uma crítica radical à doutrina schopenhaueriana e à "doutrina do gênio"; d) indicar os apontamentos nietzschianos nos quais Chopin surge como um tipo exemplar e afortunado de artista.

Schopenhauer: a Ideia reencontrada

Partindo da necessidade de explicitar mais objetivamente os pressupostos de seus predecessores, Schopenhauer irá colocar a Estética num outro trilho, para além dos limites racionalistas que demarcavam a filosofia sistemática. E, radicalizando os pontos de sustentação firmados pelo kantismo, tratará de acentuar a diferença entre aquilo que *existe* e o que pode ser *conhecido*. Mas, à diferença de Kant, seu "mestre", não renunciará à tentativa de definir positivamente a coisa em-si, a "essência" do mundo, ou, para utilizar o léxico mais condizente com seu pensar, a Vontade. À constatação desta última seríamos levados, não mediante o entendimento lógico, mas por um saber não representativo, o qual transcende as condições às quais nossa experiência está submetida – uma compreensão que não envolve, portanto, espaço, tempo e causalidade. Trata-se, como ele próprio dirá, de "um conhecimento de um gênero especial, cuja verdade, por este motivo, não pode colocar-se em nenhuma das rubricas nas quais dispus toda a verdade, na minha exposição do princípio da razão" (SCHOPENHAUER, 2001, p. 112).

Schopenhauer também nos adverte, porém, quanto ao alcance do termo Vontade, palavra por ele escolhida, para indicar esse saber que não se pretende representável, mas imediatamente vivido e sentido. O que está em jogo, aqui, não é uma vontade particular, determinada por motivos, um desejar isso ou aquilo, senão que um querer-viver puro, universal – que apenas se *manifestaria* como fenômeno individual. Daí a importante ressalva: "Mas, para não se ficar parado por um perpétuo mal-entendido, é preciso saber dar a esse conceito a extensão que reclamo para ele, e não se obstinar em compreender sob essa palavra apenas uma das espécies de vontade que ele designou até hoje [...] a vontade racional" (p. 120). É grande, evidentemente, a tendência a individualizarmos o que desejamos. Como somos *nós* que queremos, coexperimentamos os efeitos da volição, o que resultaria numa identificação consciente, acompanhada de conhecimento inclusive. Mas, o que haveria de "especial" no conceito em questão seria justamente sua acepção supraindividual. Em vez de recrudescer a representação singular que temos de nós mesmos, a autoinspeção do querer levaria à extrapolação das formas de nossa própria consciência volitiva. Acerca desse alargamento da experiência pessoal do ser corpóreo, lê-se ainda: "Devemos separar, no pensamento, a essência íntima deste fenômeno, que nos é imediatamente conhecido, transportá-la para os outros fenômenos [...] mais obscuros da vontade, e conseguiremos assim alargar o conceito" (p. 120).

O curioso é que, segundo Schopenhauer, existiria uma maneira de manter essa generalização não cognitiva, mas sem que tivéssemos, para tanto, que afirmar o puro querer-viver; o sujeito cognoscente ultrapassaria as formas do conhecimento relacional – o mundo dos objetos representados – e, ao mesmo tempo, os interesses volitivos – o mundo da essência não representada. A esse modo ímpar de representar seríamos conduzidos pela contemplação estética. Por meio desta última nos seria facultado um acesso privilegiado à estrutura objetiva da realidade, porquanto, em vez de coisas singulares, encadeadas por causas e efeitos, ela nos proporcionaria objetos ideais, "modelos" belos e sublimes dos quais os objetos individuais seriam cópias distantes, subordinadas ao princípio de razão. Porque renuncia ao conhecimento relacional sem abrir mão, no entanto, da forma geral de representação, a arte poderia unir aquilo que o entendimento separa, descerrando, então, uma forma privilegiada de saber – não limitada aos objetos representados, mas "representável", intuitiva, porém supraindividual. Como? Ao associar a Vontade à coisa em-si e a contemplação estética a uma representação arquetípica, o autor d'*O mundo como vontade e representação* não estaria simplesmente apropriando-se, à sua maneira, de Platão e Kant? Sem dúvida. Aliás, algo que ele reconhece de bom grado: "Eis, portanto, a vontade identificada para nós com a coisa em si; a idéia, aliás, não é mais do que a objetidade imediata desta vontade, objetidade realizada num grau determinado; segue-se que a coisa em si de Kant e a idéia de Platão [...] são não idênticas mas ligadas por um estreito parentesco" (p. 178).

Daí a arte, cuja finalidade é justamente "comunicar a idéia" (p. 249), assumir uma tarefa metafísica que a própria metafísica jamais havia assumido para si, pois, se as ideias nos dão a conhecer os diferentes graus de objetivação da Vontade no mundo fenomênico, afirmando e exibindo a ordenação escalonada da natureza, cada uma das diferentes artes, na medida em que é expressão de uma Ideia, corresponderia a uma dada gradação do mundo natural, estendendo-se do inorgânico ao orgânico, da eletricidade ao ser humano. Schopenhauer vê aí, inclusive, uma função "facilitadora", porquanto a arte nos ajudaria a desvendar aquilo que permanece oculto à experiência comum, ao olhar ordinário lançado sobre a efetividade: "A obra de arte é simplesmente um meio de facilitação do conhecimento da Idéia [...] A Idéia se nos apresenta mais fácil a partir da obra de arte do que imediatamente a partir da natureza ou da efetividade" (SCHOPENHAUER, 2003, p. 84). Quem comunica aos outros, porém, a Ideia apreendida pela contemplação estética – essa "condição mental" sem igual? Aqui intervém, como principal mediador, uma figura que já nos foi apresentada num dos capítulos anteriores: o gênio.

É o artista genial que "nos deixa olhar com seus olhos para a realidade" (p. 85), e, desse modo, tornamo-nos partícipes do conhecimento das Ideias. Assegurando a maior intimidade possível como objeto e, ao mesmo tempo, a maior distância possível de seus desejos pessoais, o gênio é aquele que suporta mais vivamente a intensiva consciência da identidade com o mundo – até se perder por completo neste último. Imersa no tempo da arte, sua percepção não visa mais ao futuro, fonte de ansiedade, nem ao passado, fonte do arrependimento, mas a um presente eterno no qual se permite "estacionar" para contemplar a vida por ela mesma. Alto, porém, é o preço que se paga, para operar tal transformação. Caro é o tributo cobrado àquele que não sucumbe aos interesses que comandam as atividades do homem comum. Por não se prender às coisas nas quais os seres humanos habitualmente se detêm, o gênio "negligencia freqüentemente a consideração do seu próprio caminho na vida e conduz-se nela quase sempre de uma maneira bastante desastrada" (SCHOPENHAUER, 2001, p. 197). Excitável em máxima medida, mas também detentor de um intelecto desproporcionalmente forte, o indivíduo genial convive com extremos. Além de exibir um humor incrivelmente flutuante, é dado a "falar sozinho", já que, nele, o conhecimento foi afastado da vontade, de sorte que suas "representações se tornam tão vivazes que ele pensa tão-somente na coisa discutida a pairar na frente dele, não na pessoa com quem dialoga" (SCHOPENHAUER, 2003, p. 75). Sem encobrir as coisas que pensa e fala, é "facilmente tido em sociedade (*vergesellschaftet*) como carregando um indício de loucura" (p. 75).

Mas, para aquilo que importa aos nossos objetivos, bem menos "geniais", cumpre apenas explicitar as distintas matérias sobre as quais o gênio irá reproduzir as Ideias, revelando, por assim dizer, o modo como cada forma de arte atinge o patamar reflexivo exigido pela contemplação do belo. E, já que cada arte será classificada conforme o grau de objetivação da Vontade – da qual se tornará a porta-voz –, é preciso, aqui, proceder de maneira progressiva, começando, como indica Schopenhauer, pela arquitetura. A esse respeito da finalidade desta última, o filósofo escreve: "[...] o fim estético da arquitetura é simplesmente trazer para a mais clara intuição Idéias que constituem os graus mais baixos de objetidade da Vontade, ou seja, gravidade, coesão, resistência, dureza" (p. 225). Na medida, porém, em que a arquitetura tenta manifestar essas qualidades gerais da "pedra", ela precisa dar ensejo a uma espécie de conflito entre elas, como se a rigidez lutasse, por assim dizer, com a própria gravidade. Seguindo sua tendência natural, a massa de um edifício seria apenas um volume informe que se esforça tanto quanto possível para se juntar ao solo, dando cumprimento, pois, à pressão exercida pela gravidade – que, aqui, representa a Vontade. Caberá à arte arquitetônica opor-se a este esforço, oferecendo-lhe resistência. Uma bela abóboda vive de tal ambiguidade, já que, para manter-se a si mesma, depende dos pilares que a sustenta, e assim por diante, "em todas as partes de um belo edifício" (p. 130).

Mas, além de outras, uma das limitações da arquitetura estaria no fato de que, ao contrário das demais artes, ela raramente possui um destino unicamente estético, subordinando-se à sua destinação utilitária, que se fia apenas no interesse volitivo: "Em virtude disso, a arquitetura, como bela arte, não poderia manter-se à custa de meros fins estéticos" (p. 147). O grande mérito do arquiteto consistiria, por isso, em harmonizar os fins estéticos com os fins utilitários, o que também raramente se deixa detectar na "irmã" da arquitetura, a saber, na bela hidráulica, cujas colunas aquosas terminam por vinculá-la à fluidez. A difícil conciliação artística com outras necessidades é, aqui, igualmente exigida. Schopenhauer, de sua parte, julga encontrá-la apenas nas fontanas romanas: "Apenas em Roma encontrei essa união. A água que é bombeada para a cidade pelo longo aqueduto [...] é usada ao mesmo tempo com fins estéticos, em alguns trechos onde jorra, para alegrar o povo: belíssimas quedas-d'água adornadas com colunas diversas e estátuas, bem como fontanas, adornam tais lugares. Como exemplo, podemos citar a famosa *Fontana di Trevi* (p. 148). (Figura 8)

O segundo grau na hierarquia schopenhaueriana das artes é indicada pela jardinagem e pela pintura paisagística. O belo exibido pela primeira pertenceria quase unicamente à natureza, facilitando, ao espectador, sua apreensão. Elegendo o jardim inglês como *o* modelo da jardinagem, Schopenhauer escreve: "Os jardins do gosto antigo

FIGURA 8.
Fontana de Trevi, em Roma. Foto de David Iliff

consistem em alamedas retas, árvores e popas aparadas, arcadas [...] A jardinagem inglesa, ao contrário, oferece à natureza oportunidade para desdobrar toda a sua beleza, mostrando-a da forma mais vantajosa possível, reunindo árvores em belos grupos, abrindo vistas, perspectivas" (p. 150). É essa maior participação e variação da natureza, na execução do belo, que irá conferir uma maior objetividade a tal jardinagem. Porque seu fim é orientado ao próprio mundo vegetal, e não a elementos subjetivos – pelos quais o sentimento experimentado não provém diretamente das Ideias representadas –, a jardinagem inglesa, dir-se-á, "é *objetiva*" (p. 150). O mesmo critério será aplicado, feitas as devidas diferenças, à pintura de paisagem, a qual, a despeito do lado subjetivo da fruição pictórica – afinal, vemos a natureza "pelos olhos" do pintor –, apresentará um grau mais elevado de objetividade:

Inaugurada em 1761 e projetada pelo arquiteto Nicola Salvi (1697-1751), à época de Clemente XII, a **FONTANA DI TREVI** ("Fonte do trevo") é a mais popular e portentosa fonte romana – com cerca de 26 metros de altura. Além de outras, a obra fomenta a crença de que aquele que, de costas, jogar uma moeda em suas águas, tem assegurada a sua volta à cidade de Roma. ■

já que "entra em cena aqui mais o lado objetivo da satisfação estética e conserva-se o equilíbrio com o lado subjetivo" (p. 153).

Ora, se o critério é a preeminência das componentes objetivas da representação, na pintura e escultura de animais, e, em especial, na pintura e escultura históricas, seriam apresentados graus ainda mais elevados de objetivação da Vontade, porquanto têm como objeto as representações guarnecidas de espírito e intelecto. Razão pela qual dirá Schopenhauer: "*Beleza humana* é uma expressão objetiva: ela significa a objetivação mais perfeita da Vontade no grau mais elevado de sua cognoscibilidade: portanto, a Ideia geral de homem plenamente expressa na forma intuída" (p. 160). O ser humano, porém, não dá mostras de si mesmo apenas num único momento. Tampouco nos exprimimos somente por meio de nossa figura e mediante a expressão de nosso rosto. Também nossas ações são significativas, prestando um valioso testemunho de nossa personalidade. Por isso, reproduzir a beleza humana na série contínua de suas aspirações e de suas ações corresponderia a uma capacidade artística ainda mais elevada; e, nesse caso, nenhuma das referidas artes seria capaz de igualar-se à poesia, já que esta acumularia justamente a capacidade – que falta às artes plásticas – de gerar um desenvolvimento progressivo: "O objeto da arte poética é, portanto, preferencialmente a manifestação da Idéia correspondente ao grau mais elevado de objetidade da Vontade, a exposição do *homem* na série concatenada de seus esforços e ações" (p. 204).

Enganar-se-ia, porém, quem visse aqui o cume ao qual a arte poderia chegar. A trajetória que se esboça para a metafísica schopenhaueriana do belo não a conduz apenas à contemplação – àquela condição em que o objeto, por mais idealizado que seja, sempre há de pressupor um mínimo de distanciamento espacial, impondo, na alteridade de sua presença, uma orientação centrífuga à visão. Não que as artes visuais deixem de fazer jus às suas credenciais filosóficas, faltando, por assim dizer, à missão de suplantar a sensorialidade quotidiana. Na medida em que obstaculiza a "inclinação da gravidade em sua satisfação imediata" (p. 130), a arquitetura nos facultaria o vislumbre "objetivo" de propriedades físicas essenciais, dando a conhecer, por exemplo, a união entre rigidez e força gravitacional. Contudo, por mais próximas que estejam da Vontade – a ponto de serem consideradas suas "*objetidades* adequadas" –, as Ideias de matéria e gravidade ainda permanecem, àquele que as contempla, *re*-presentações, e, como tais, fiam-se numa apercepção sensual, indicando uma "aparição", e não o núcleo da coisa em-si. Enquanto exteriorização volitiva, uma pedra pode até significar o jogo universal das forças naturais, mas não *é* esse jogo. Embora a arquitetura também possa "servir para a manifestação da *luz*" (p. 129), um belo edifício não é *um* com o céu azul que lhe serve de pano de fundo. Para lograr essa identidade estrutural será preciso fazer intervir um tipo de arte capaz de reproduzir não o escalonamento gradativo dos objetos no fenômeno, senão que o mundo em sua totalidade. Daí o papel central a ser desempenhado pela música. Esta última, como dirá Schopenhauer, "diferencia-se de todas as outras artes por não ser uma cópia do fenômeno, ou, mais exatamente, da objetidade adequada da Vontade, mas por ser uma cópia imediata da própria Vontade" (p. 235).

É bem verdade que, em sua apresentação, Schopenhauer termina por estabelecer um paralelismo "analógico" entre a altura dos sons e os distintos graus de manifestação da Vontade. Mas, em termos de sua efetividade expositiva, tal recurso deve ser visto mais como um "mal necessário" do que como uma contradição propriamente dita. Exprimindo as sensações de prazer e desprazer *in abstrato*, a música operaria com intensidades não figurativas, passando a preterir, como uma espécie de bônus inesperado e secundário, o próprio significado à base das palavras. Se nestas os ditos significantes permanecem atarraxados a determinados significados, a crua teia de relações sonoras percebida pelo ouvinte musical formaria, anteriormente às imagens acústicas usadas para formação do signo linguístico, um campo liberto de toda significação específica. "Nesse sentido," diz Schopenhauer, "minha explicação apresenta a música como cópia de um modelo que, ele mesmo, nunca pode ser trazido à representação" (p. 229). Ora, o que tornaria a música tão especial seria o fato de ela articular aquilo que não é dado à linguagem discursiva afirmar, de sorte que tal inacessibilidade não deixa de apontar, ironicamente, para os limites do próprio discurso schopenhaueriano – cuja trama conceitual é urdida, afinal de contas, pelo princípio de razão. Se fosse o caso de tomar essa distinção ao pé da letra, então Schopenhauer ver-se-ia obrigado a aplicar, a si mesmo, as exigências que ele próprio faz à poesia – que, embora "racional", é feita para ser lida em voz alta e, por isso mesmo, guarda um parentesco com a arte dos sons. Sua argumentação ganharia consistência, não pelas teses que veicula, mas pelo ritmo e pelas rimas que ressoa. Seu poder de convencimento seria empático, "independente de quaisquer fundamentos" (p. 323). É precisamente para não ter de incorporar o registro musical à sua explanação sobre a música – o que o levaria, em última análise, a "cantá-la" – que o filósofo dirá: "[...] tal explanação é do tipo que nunca pode ser comprovado [...] só posso apresentá-la como uma hipótese, ficando a cargo de cada um concordar ou rejeitar" (p. 229).

Assim é que, à luz de tal hipótese, nos tons mais graves da harmonia serão reconhecidos os graus mais baixos e extra-humanos de objetidade da Vontade: "[...] o baixo contínuo é, na harmonia, o que no mundo é a natureza inorgânica, a massa mais bruta, sobre a qual tudo se assenta" (p. 230). A melodia, pela concatenação significativa de seu desabrochar, corresponderia a uma Vontade humanamente consciente de si, sintomática de uma totalidade plena de sentido. Daí ela narrar, como dirá Schopenhauer, "a história da Vontade iluminada pela clareza de consciência" (p. 232). Seguindo uma pulsação perceptível e estável, a melodia não deixa de ser, em toda sua diversidade rítmica e dinâmica, uma unidade estrutural. Para reconhecê-la, cumpre saber "onde se está" no decurso temporal, conectando o que se ouve com aquilo que se ouviu e, em especial, com aquilo que ainda está por ressoar. E, como o sofrível destino do ser humano consiste em que seu querer deseja, é satisfeito e deseja novamente, e assim eternamente, os arcos melódicos também deveriam exprimir, mediante o processo de expectativa gerado pela escuta, a agitação dos afetos. Sobre essa capacidade melódica de narrar a história "mais secreta" da Vontade dir-se-á ainda: "A melodia expressa por todos esses caminhos o esforço multifacetado da Vontade, mas também a satisfação mediante o reencontro final de um intervalo harmônico, e mais ainda do tom fundamental" (p. 232).

Conforme a indicação do próprio Schopenhauer, ninguém é obrigado a aceitar sua hipótese de interpretação; e, mesmo que se lhe impute a extravagância de ter interpretado a música a partir de uma inferência "indemonstrável", articulando discursivamente uma explanação cuja condição de compreensibilidade é não discursiva, ele não foi o primeiro – e tampouco será o último – a se deixar enredar nas malhas da inefabilidade musical. Mas, seria isso o resultado de uma intuição verdadeiramente única e metafísica? O visível não afeta tão diretamente nossa corporeidade, porque se dá "a distância". É claro que certas pinturas nos deixam impactados, despertando profundos sentimentos mediante sua expressividade, mas, quando comparadas aos efeitos corpóreos que a música exerce sobre nós, a ação das imagens parece ser mais tênue. Quando nos colocamos à escuta de algo, as ondas sonoras parecem penetrar diretamente em nosso corpo. Sentimo-nos quase que como o centro da música, sendo-nos, às vezes, inclusive impossível distinguir nossa condição de sujeitos perceptivos da música enquanto objeto percebido. Como bem comenta Ursula Brandstätter: "A orientação centrípeta do processo de escuta forma a base de nossa identificação com aquilo que se escuta, podendo inclusive levar a uma fusão entre nós e a música" (BRANDSTÄTTER, 2008, p. 136). O olho é coberto pela pálpebra, de sorte que é preciso abri-la para lograr essa "fusão"; o ouvido, ao contrário, acha-se aberto, sem filtros, de modo que precisa, antes do mais, proteger-se para não ser inundado. Mais até. Se a música pode dar ocasião a arrepios e lágrimas, é natural tratá-la como "vontade", e não como "ideia". Mas é legítimo tratá-la, por isso, como algo miraculoso? Não intervêm, aqui, formas históricas de modelagem e de cultivo da sensibilidade? Não seria a música, bem como a arte em geral, um construto humano, ou, melhor dizendo, "demasiado humano"? A tais questões seremos encaminhados pelo pensamento de Nietzsche, tema de nossa próxima etapa.

Nietzsche: o gênio por um triz

Que Friedrich Nietzsche foi um discípulo de Schopenhauer, eis algo que salta aos olhos de quem lê seus escritos de juventude. Tanto é assim que, em seu primeiro livro, *O nascimento da tragédia*, após citar um portentoso trecho d'*O mundo como vontade e representação*, ele não hesita em reiterar: "Entendemos portanto, segundo a doutrina de Schopenhauer, a música como linguagem imediata da vontade" (NIETZSCHE, 1992b, p. 101). Mas, como dirá mais tarde o protagonista de *Assim falava Zaratustra* – considerado pelo filósofo seu mais importante livro: "[...] retribui-se mal a um mestre, quando se permanece sempre e unicamente o discípulo" (NIETZSCHE, 1999d, p. 101). E, de fato, pode-se dizer que Nietzsche foi um dos primeiros autores que, na esteira do formalismo musical, procurou empreender uma crítica radical à metafísica schopenhaueriana da música. Assim é que, a contrapelo da ideia segundo a qual a arte dos sons exprime a mais alta verdade numa linguagem plenamente adaptada ao sentimento, o autor de *Humano, demasiado humano* irá objetar: "Em si e para si, a música não é tão cheia de significado para a nossa interioridade [...] que pudesse valer como linguagem *imediata* do sentimento" (NIETZSCHE, 1999e, p. 175).

Se a música descerra os limites intransponíveis da linguagem, nem por isso ela constitui algo já de si inexplicável. Cumpre, ao contrário, demonstrar sua historicidade, para então rechaçar a esfera suprassensível que lhe dava legitimidade, indicando que aprendemos a aplicar predicados mentais aos sons associando-os, por ostensão, a expressões e gestos explicativos, e não à nossa profunda e recuada "interioridade". É bem verdade que a direcionalidade centrípeta do processo de audição ajuda, não raro, a reforçar o preconceito intelectualista de que é preciso "olhar para dentro", para entrevermos nosso verdadeiro "eu"; quando nos colocamos à escuta de algo, sentimo-nos quase que como o centro da música. Mas Nietzsche, de sua parte, já não irá se iludir com o sentido oracular que esse tipo de recepção sensorial pode evocar. O que antes implicava um simbolismo capaz de colocar o ser humano em comunicação direta com uma suposta essência das coisas, revelar-se-á, doravante, um mero fruto do hábito. A própria música instrumental, cuja origem parecia achar-se para além de toda a individuação, encontrar-se-á intimamente associada a uma determinada mímica elucidativa. Apenas muito mais tarde o ouvinte teria abdicado de tal associação. Ulterior, a pura audição suscitaria tão só aquilo que se aprendeu a associar ao som por meio de movimentos visíveis:

> [...] sem dança e mímica ilustrativas (linguagem dos gestos), a música não passa de barulho vazio, mas, mediante uma longa familiarização com aquela coexistência de música e movimento, o ouvido é instruído a realizar uma interpretação imediata das figuras sonoras e atinge, finalmente, um elevado grau de veloz compreensão, onde já não carece do movimento visível (p. 177).

É justamente essa compreensão da música instrumental como sendo algo engendrado e adquirido que deverá fornecer as circunstâncias para que se reconheça e se afirme o caráter particularmente "humano" da arte dos sons: "A música decerto *não* é uma linguagem universal e atemporal tal como se disse freqüentemente em sua honra, mas ela corresponde, ao contrário, precisamente a um grau de sentimento, calor e tempo que traz consigo, tal como lei interna, uma cultura individual totalmente determinada, com início no tempo e no espaço" (NIETZSCHE, 1999a, p. 450). E não se deterá aí a desconstrução do artigo de fé romântico. Precisamente porque a apreensão do sentido musical de uma obra não se dá por emanação, por achar-se, enfim, inevitavelmente ligada a um conjunto de práticas e como que abismada na dimensão individual do aprendizado, é que ela implica a necessidade de também estarmos *preparados* e *instruídos* para as mínimas "revelações" da arte. Se a execução musical pressupõe a rotinização de uma dada atividade – haja vista que "os dedos do pianista não detêm o 'instinto' para acertar as teclas corretas, mas o hábito" (NIETZSCHE, 1999b, p. 406) –, também a audição musical não dispensará um certo esforço e alguma concentração de espírito.

Acostumados que estão a traduzir suas ideias em motivos melódicos tais quais pensamentos em palavras, os ouvintes tenderiam a tomar por certo o caráter convencional da escala cromática de 12 sons, ignorando o fato de que nos sons enarmônicos – como, por exemplo, entre dó sustenido e ré bemol – não vigora exatamente a mesma nota sob nomes diferentes, mas intervalos ainda menores do que os de meio-tom pressupostos pelo sistema tradicional de temperamento. Sobre esse declínio sensual da audição, lê-se ainda:

> Nossos ouvidos terminaram por se tornar mais e mais intelectuais, em virtude do excepcional exercício do intelecto logrado pelo desenvolvimento artístico da nova música [...] Todos nossos sentidos, em verdade, justamente por perguntarem desde logo pela razão, quer dizer, por "aquilo que significa", e não mais por "aquilo que é", ficaram um tanto entorpecidos [...] agora, constituem exceções os ouvidos que ainda são capazes de fazer as diferenciações mais finas, como, por exemplo, entre dó sustenido e ré bemol (NIETZSCHE, 1999e, p. 177).

Também do ponto de vista da criação Nietzsche pretende redimensionar os pressupostos até então vigentes. Se antes o músico, quando do momento da produção artística, não era estimulado senão por uma excitação musical procedente de esferas misteriosas e como que para além do inteiro âmbito da realidade empírica, doravante a ideia mesma de uma centelha genial de criação não passará de um artigo de fé decorrente de uma autocompreensão hipócrita da parte dos artistas:

> Os artistas possuem, pois, um interesse em que se acredite nas súbitas sugestões, nas assim chamadas inspirações; como se a ideia da obra de arte [...] reluzisse do céu, de cima para baixo, qual uma luz da graça [...] como se entrevê, hoje, nos livros de anotação de Beethoven, ele reuniu as mais sublimes melodias de modo paulatino [...] (p. 146).

É a observação de tais aspectos que faz com que a obra do compositor – no caso, Beethoven (Figura 9) – seja irmanada não somente a uma espécie de sopro criador sobrenatural, mas ao engenho próprio a todos os outros grandes artífices – geniais não apenas no inventar, mas também no calcular e ordenar. Os espíritos mais fecundos, longe de possuírem uma origem supra-humana, estariam igualmente submetidos às injunções e aos reveses da rotinizada atividade artística, como as "que impeliram Beethoven, em algumas grandes sonatas (tal como na grande sonata em si maior), a nos legar somente o excerto para piano de uma sinfonia" (p. 160).

Deixando de ser um favorito dos deuses, o músico genial terá, pois, de retomar por conta própria a atividade criativa. Também ele não faz outra coisa senão aprender, em primeiro lugar, a assentar pedras e, depois, construir, permanecendo ilusória uma sinfonia que não resultasse, de algum modo, de uma certa decomposição intencional e planejada. Assim concebido, o músico genial seria fundamentalmente um artista a quem não se aplicaria a sentença kantiana segundo a qual a verdadeira técnica artística vem à luz como que livre de toda coerção por parte de regras arbitrárias: "[...] como se fosse um produto da mera natureza" (KANT, 1984, p. 245). Isso porque nem a natureza nem a iluminação pessoal intervêm, na pessoa do grande músico, para fornecer regras à arte dos sons. Aos que enaltecem a genialidade sem atinar, ao mesmo tempo, com o árduo ideal formativo que a condiciona, o autor de *Humano, demasiado humano* completa: "Há que se nomear grandes seres humanos de todo tipo que foram pouco talentosos. Mas *ganharam* grandeza, tornaram-se 'gênios'" (NIETZSCHE, 1999e, p. 153).

FIGURA 9.
Retrato de Beethoven com a partitura da Missa Solemnis (*Beethoven-Haus*), de autoria de Joseph Karl Stieler (1781-1858).

Mas não se trata de manter, ao revés, o dualismo à base da estética do gênio. Preocupado com o caráter ímpar da sensibilidade artística, Nietzsche sabe que nenhuma conceituação plenamente unívoca e objetiva pode adequar-se à representação em questão; estética em seu fundamento, a condição de compreensibilidade de uma peça musical não depende de atributos lógicos de um objeto determinado. Todavia, a impossibilidade de apresentar o conceito "definitivo" de uma bela obra de arte não nos dá o direito de ver, na música, hieróglifos de um além-mundo celestial. É bem essa extrapolação que, no entender do filósofo alemão, estaria em jogo na estética musical schopenhaueriana.

Tanto é assim que, na contracorrente desta última, ler-se-á em *Para a genealogia da moral*: "Com esse excepcional aumento valorativo da música, tal como parecia medrar da filosofia schopenhaueriana, também o próprio *músico* teve seu preço aumentado de modo inaudito: converteu-se, a partir de agora, num oráculo, num sacerdote [...] num telefone do além" (NIETZSCHE, 1999f, p. 346).

Ora, se considerarmos que, ao longo da história, vigorou um fosso abissal entre o prestígio da música e o valor dos próprios músicos, os quais, trabalhando sob o regime de vassalagem, como bem lembra Tim Blanning, "podiam se considerar sortudos se não tivessem também que desempenhar funções de camareiros ou lacaios" (BLANNING, 2011, p. 28), a projeção da imagem do músico lograda pela filosofia schopenhaueriana não foi, de fato, de pouca monta. No entanto, não é apenas como justificativa filosófica à autopromoção artística que a metafísica schopenhaueriana irá atrair os holofotes do genealogista da moral. Ao trazer à tona essa curiosa espécie de "ventríloquo musical" de Deus, ele acredita captar um não dito mais insidioso, o qual decorreria de uma meditação atenta, mas bastante "personalizada" sobre o legado estético kantiano. Concedida sua parte ao virtuosismo exegético, resta que a apropriação feita por Schopenhauer pressuporia, à custa da própria definição kantiana, uma condição avessa àquela que Kant entreviu no momento da autorreflexão estética da razão, a saber: a consideração desinteressada, a abstração mesma do fundamento de determinação material do objeto reputado belo. A esse respeito, o autor de *Para a genealogia da moral* escreve ainda:

> Schopenhauer valeu-se da visão kantiana do problema estético [...] "Belo, disse Kant, é aquilo que apraz *sem interesse*" [...] O caso é bastante admirável: ele interpretou, por si mesmo, o dito "sem interesse" do modo mais pessoal possível, a partir de uma experiência [...] nunca se fatigou de glorificar *esse* desvencilhamento da "vontade" como a grande preeminência e utilidade do estado estético [...] E não se poderia, em última análise, objetar ao próprio Schopenhauer que aqui ele foi bastante injusto ao se imaginar kantiano, que não entendeu, em absoluto, a definição kantiana do belo de maneira kantiana – que o belo lhe apraz, também a ele, por conta de um "interesse" [...] o do torturado [*Torturirten*] que se desvencilha de sua tortura [*Tortur*]? (NIETZSCHE, 1999f, p. 347-349).

Nietzsche alega que a libertação da "vontade", circunstância na qual, segundo Schopenhauer, festejamos o "sabá da servidão do querer" (p. 348), não decorre, qual uma certeza evidente, do primeiro momento da quádrupla determinação kantiana do belo, isto é, de sua *qualidade*. Conforme esta última, como vimos no segundo capítulo de nosso itinerário, reputaríamos belos aqueles objetos que se nos aprazem por si próprios, em sua mera espontaneidade, livres das necessidades práticas que comandam as atividades utilitárias. Mas, sob a égide da metafísica schopenhaueriana do belo, a dita ausência de interesse terminaria por se converter num eufemismo para extirpação da própria intensidade subjetiva, de sorte que, com o silenciar de todo querer-viver, também a individualidade seria suprimida. Ora, num caso extremo, talvez fosse até possível derivar o caráter impessoal do juízo de gosto de sua almejada universalidade, mas não o contrário, deduzindo sua generalidade da supressão do *ego*. Se o juízo em questão livra-se de toda exigência teórica é sobretudo porque ele se fia num dado sentimento de prazer ou desprazer, razão pela qual seu fundamento não pode ser outro senão que um fundamento subjetivo. A agradabilidade de um objeto, dizia Kant, pertence à "sensação *subjetiva*" (KANT, 1984, p. 211).

Mas, para não perdermos o fio da meada, voltemos à música. Considerar que esta última se basta e que, portanto, não tem por função servir a interesses metafísicos ou morais não equivale, porém, a atender ao culto da "arte pela arte". Aliás, isso se aplicaria à arte em geral. Tanto é assim que lemos: "Depois que a finalidade de pregar moral e de melhorar a humanidade foi excluída da arte, ainda está longe de se seguir que a arte é, em geral sem finalidade, sem alvo, sem sentido, em suma *l'art pour l'art* – um verme que se morde o rabo" (NIETZSCHE, 1983, p. 337). No fundo, tanto o formalismo estético quanto a moralidade artística resultariam em faces contrárias de uma mesma moeda, albergando, embora com sinais opostos, os prejuízos análogos. Fazer a arte servir à moral é soterrar o que a constitui enquanto arte. Concebê-la, porém, como um fim em si é esquecer-se que ela parte de apreciações valorativas e que também o fazer "técnico" pressupõe avaliações. Nem uma coisa nem outra, portanto: não se trata de pagar altos tributos ao formalismo às custas dos valores e tampouco de sacrificar o saber-fazer em nome daquilo que pretende valer como o sentimento moral em si. Trata-se, antes, de recuperar a regulagem, o autodomínio próprio ao artífice que sabe quebrar as regras sem, contudo, assumir o papel de mero "transgressor" – papel que fora assim caracterizado, de antemão, pelo próprio cânone moral da beleza. É a atenção dirigida exclusivamente a esse modelo de artista que conduz Nietzsche à crescente admiração pela obra de músicos tais como Chopin (Figura 10). Não que este deixasse de evocar, em suas composições, um certo êxtase "divino". Muito pelo contrário: "Quase todos os modos e condições de vida possuem um momento *bem-aventurado. O qual* os bons artistas sabem fisgar [...]. Chopin musicou esse momento bem-aventurado de tal modo na 'Barcarole' que até mesmo os deuses poderiam desejar, naquela ocasião, permanecer longas tardes de verão deitados num barco" (NIETZSCHE, 1999a, p. 619). Não residirá aí, porém, a suprema sagacidade do compositor polonês. Quanto a isso, cabe ler ainda: "O *supremo* sentido das formas, que consiste em desenvolver *logica*mente o que há de mais complicado a partir das mais simples formas básicas – isso eu encontro em Chopin" (NIETZSCHE, 1999b, p. 510).

Apesar de sua complexidade harmônica e sua sofisticação rítmica, a música de Chopin pressupõe e exibe um acabamento de contornos claros. Procedendo de acordo com a sucessão de tons nitidamente apreensíveis, suas peças apresentariam um colorido mais diatônico que cromático, denotando períodos contrastantes e sons ricos em dissonância sem

FIGURA 10.
Retrato de Frédéric Chopin (1838 [Museu do Louvre]), por Eugène Delacroix (1798-1863).

exceder, no entanto, os próprios limites tonais. Dando cumprimento lógico às sequências melódicas que ele mesmo anuncia e transgredindo a partir das próprias regras do sistema harmônico, Chopin dar-se-ia ao luxo, em última análise, de deformar sem perder de vista a própria forma. Meticuloso, o tratamento por ele dado à linha melódica caracteriza-se, não por acaso, por um princípio construtivo que envolve variações e transformações acumulativas. Rica em ornamentos e intensificações contrapontísticas, a melodia põe-se em sucessão com vistas a seu próprio ápice sonoro, organizando-se de modo polimorfo em direção a um cume preciso e a uma finalização bem localizável. Essa virtude, porém, o compositor não a recebe como um dourado presente dos céus. A própria criatividade seria, aqui, tributária de um processo de acúmulo "energético": "Quando a força de produção acumulou-se ao longo de um determinado tempo [...] dá-se, por fim, um repentino transbordamento,

Considerada, a justo título, a criadora da dança moderna, **ISADORA DUNCAN** (1877-1927) nasceu nos Estados Unidos, mas se tornou atuante na Europa e, em especial, na União Soviética, país onde fundou a terceira de suas duas escolas, que já atraíam e albergavam dançarinos na Alemanha e na França. Enforcada em sua própria echarpe, presa à roda de um conversível, a bailarina morre aos 50 anos em Nice, na França. ∎

Pintor e artista gráfico, Erich **HECKEL** (1883-1970) foi um dos fundadores do famoso grupo expressionista *Die Brücke* (*A Ponte*). Criado em 1905 junto com os colegas Ernst Ludwig Kirchner, Karl Schmidt-Rottluff e Fritz Bleyl – os quais, como o próprio Heckel, eram estudantes de arquitetura em Dresden –, o grupo tinha como principal objetivo a descoberta de novos caminhos para a expressão artística, procurando desvencilhar-se, ao máximo, do estilo academicista. Livres e laicos, os motivos retratados por tais artistas, como, por exemplo, ações na natureza e/ou movimentos gratuitos a céu aberto, serviam de veículos para exprimir uma vivência intensiva do mundo, dando vazão às sensações subjetivas do artista. Em termos técnicos, esse incremento de expressividade era logrado mediante a redução da forma à sua condição mínima e essencial; abandonando a perspectiva tradicional e as proporções acadêmicas, tratava-se, para eles, de fazer da própria cor o vetor expressivo puro e imediato das emoções. ∎

FIGURA 11.

Isadora Duncan (1878-1927), em foto de Arnold Genthe (1869-1942).

como se ocorresse uma inspiração imediata [...] O capital, porém, somente se *aglomerou*, não caiu do céu de uma só vez" (NIETZSCHE, 1999e, p. 120).

Compreende-se que, se não há motivos para operar uma distinção conceitual entre inspiração e saber-fazer, bem como entre escuta musical e aprendizado, tampouco teria cabimento distinguir o significado extramusical de uma dada peça da articulação formal que comanda sua produção. Referindo-se ao nosso inteiro aparato sensorial, a percepção auditiva diria respeito, no fundo, a uma totalidade de ser, ou, melhor dizendo, a uma maneira única de agir, sentir e pensar. Porque expressa a confluência desses elementos, a música não poderia, em rigor, ser "absoluta". Trazendo em si as vivências pessoais de quem a elabora e de quem a escuta, a arte dos sons não pode divorciar-se da vida. Absoluta é esta última, que nos faz tocar e cantar simplesmente para levar a cabo a derradeira finalidade musical: "Através da música as paixões gozam a si mesmas" (NIETZSCHE, 1992a, p. 73).

Porque aponta para a necessidade de transbordamento e para a organização artística das forças telúricas que constituem o ser humano, a filosofia de Nietzsche inspirou, não por acaso, um grande número de artistas modernos. Por defender a mobilidade de espírito contra a gravidade filosófica, seu pensamento deixou-se associar sem dificuldades à dança moderna, por exemplo. Isadora Duncan (Figura 11) a ele se referia, com frequência, para criticar o ideal formativo de cunho religioso e estatutário, o qual pretende valer como uma espécie de ensino divino e inquestionável. A contrapelo deste último, a dançarina dirá: "É essa a educação cristã, que não sabe ensinar a crianças a soberba frase de Nietzsche: 'Seja duro!' Mas desde cedo algum espírito me sussurrava: 'seja dura!'" (DUNCAN, 1996, p. 25).

E, tamanho foi o impacto causado pela leitura dos textos nietzschianos que Erich Heckel, integrante do grupo expressionista *A Ponte* (*Die Brücke*), não hesitou em realizar uma impregnante xilogravura do filósofo alemão, sensificando, pela arte do talho, o olhar disruptivo e certeiro daquele que costumava filosofar a golpes de martelo. Ponte em direção a formas mais refinadas de espiritualidade, o grupo via-se a si mesmo como divisor de águas, enfatizando a importância de uma nova geração de artistas e exortando a liberdade em relação à tradição, tal como fica patente, por exemplo, em seu programa oficial, que circulou no outono de 1906: "Desejamos obter liberdade de movimento e de vida, em oposição aos velhos e bem estabelecidos poderes. Quem quer que extravase direta e autenticamente aquilo que o faz criar é um dos nossos" (BEHR, 2001, p. 18). Pouco lhes importava que fossem vistos como transgressores. Cientes de que autenticidade não fazia parte de uma sociedade assediada por toda espécie de vigilância e alienação, tais artistas sabiam que abraçar um destino autenticamente artístico equivaleria a assumir práticas comunitárias alternativas, realizadas em estúdios localizados nos subúrbios proletários, bem como em regiões distantes dos grandes monopólios culturais formadores de opinião.

É claro que, na sociedade burguesa haurida da Revolução Industrial, a arte não pretende e nem pode ser uma porta-voz de um enigma sacrossanto. Além disso, o moderno usuário dos bens artístico-culturais, submetido às injunções imediatas do consumo massivo e à hipócrita redução do ideal de fruição ao momento de "relaxamento", tende a consagrar o seu ínfimo tempo "livre" apenas a alguns poucos prazeres dormitivos. Mas nem por isso a arte moderna irá demitir-se da condição de geradora do novo, do não igual, enfim, do impactante. Tanto é assim que, no decurso das primeiras décadas do século XX, sob o influxo das vanguardas líricas e pulsionais, vem à luz uma forma artística sem precedentes: o cinema, cuja dinâmica suplanta em muito os antigos desempenhos de nosso aparato perceptivo, obrigando-nos a penetrar no agitado e cinético mundo sensível dos grandes centros urbanos. E não era para menos, pois, enquanto as outras artes nasceram nuas, a sétima arte, a mais jovem dentre todas, nasceu totalmente vestida, com luz e câmera à mão. Vejamos, pois, as consequências disso para o estudo da Estética filosófica.

Sugestões de atividades

A Seguindo o procedimento metodológico sugerido na Apresentação – exposição conceitual, leitura, comentário de texto e livre debate –, tente refazer os passos por meio dos quais Schopenhauer concede à música credenciais especulativas que a tornariam mais "imediata" que as demais artes. Para levar a efeito o trabalho conceitual, utilize o texto da *Metafísica do Belo* indicado logo a seguir (*vide* "Textos complementares"). A fim de dar ensejo ao debate, procure apresentar trechos de músicas "instrumentais" – como, por exemplo, o choro ("tango" brasileiro) "Odeon", de Ernesto Nazareth – e, depois, peça aos alunos que tentem descrever a experiência mediante palavras. Faça-os explicitar os maiores obstáculos para tanto e, se possível, escrever algo a respeito.

B Baseando-se no modelo de trabalho oferecido na Apresentação, proponha uma reflexão profunda sobre o texto de Nietzsche posto à disposição logo a seguir (*vide* Textos complementares). Sem perder de vista a crítica radical à "doutrina do gênio" e os apontamentos nietzschianos sobre Chopin, tente esclarecer os possíveis sentidos de uma estética da existência. Fazendo jus à ideia de que a vida mesma poderia ser concebida como uma obra de arte, pergunte aos alunos qual *estilo artístico* de existência eles gostariam de afirmar para si mesmos. Acolhidas as possíveis respostas, trate de exibi-las numa visão de conjunto.

Textos complementares

Schopenhauer

"Reflitamos sinteticamente no seguinte: 1) conforme nossa explanação, a música é a exposição da *essência íntima*, do Em-si do *mundo* num único estofo, em meros tons, com a maior determinidade e verdade; essência essa que nós, em virtude de sua exteriorização mais clara, pensamos pelo conceito de Vontade; 2) por seu turno, a filosofia nada mais é que uma completa, correta repetição, expressão exata daquela essência do mundo em conceitos bastante gerais, de maneira que só mediante estes é possível uma suficiente visão de conjunto, válida em toda parte. Ora, por conta disso, a música coincide por completo em seu tema com a filosofia: dizem o mesmo em duas linguagens diferentes, e, por isso, poder-se-ia afirmar, por mais paradoxal que soe, que, caso se alcançasse uma explicitação perfeitamente correta e completa, em detalhes, da música, portanto se exprimisse em conceitos o que ela exprime em tons – seria dada de imediato uma explicitação e repetição suficientes em conceitos do próprio mundo, e assim teríamos a verdadeira filosofia" (SCHOPENHAUER, 2003, p. 238).

Nietzsche

"Se não tivéssemos declarado boas as artes e inventado essa espécie de culto do não-verdadeiro: a compreensão da universal inverdade e mendacidade, que agora nos é dada pela ciência – a compreensão da ilusão e do erro como uma condição da existência que conhece e que sente –, não teria podido ser tolerada. A *lealdade* teria o nojo e o suicídio por conseqüência. Mas agora nossa lealdade tem uma potência oposta, que nos ajuda a desviar tais conseqüências: a arte como a *boa vontade* com a aparência [...] Como fenômeno estético, a existência é sempre, para nós, suportável ainda, e pela arte foi-nos dado olho e mão e antes de tudo a boa consciência para, de nós próprios, *podermos* fazer um tal fenômeno" (NIETZSCHE, 1983, p. 197-198).

Sugestões de leitura e filmes

Livros

DIAS, Rosa. *Nietzsche e a música*. São Paulo: Discurso Editorial/Editora Unijuí, 2005.

HANSLICK, Eduard. *Do belo musical*. Tradução de Nicolino Simone Neto. Campinas: Editora da Unicamp, 1989.

Filmes

Minha amada imortal (Distribuidor: Europa Filmes). Filme dirigido por Bernard Rose, retrata, em tom ficcional, a intensa e feérica atividade criativa de Ludwig van Beethoven (Gary Oldman).

Dias de Nietzsche em Turim (Distribuidor: Europa Filmes). Trata-se de um drama biográfico dirigido por Júlio Bressane, que se baseia no derradeiro, porém muitíssimo fértil período de produção intelectual de Friedrich Nietzsche – que viveu em Turim até janeiro de 1889.

CAPÍTULO 5
DO LIVRO ÀS TELAS, DA ACADEMIA AOS TRÓPICOS

Objetivos do capítulo

a) Indicar o modo como a prática de imagens cinematográficas, forjadas pelas novas técnicas de criação e reprodução, impele-nos a um acolhimento diferenciado das obras visuais e, no limite, a um outro exercício de reflexão; b) mostrar as consequências corrosivas de tal inflexão à filosofia da representação, bem como ao pensar discursivo em geral; c) e, por fim, com vistas à conclusão de nosso itinerário, expor e comentar os possíveis caminhos rumo à legitimação de uma Estética "nacional".

Luz, câmera, ação: a Estética vai ao cinema

A dissolução das estéticas sistemáticas coincide, em boa medida, com uma espécie de crise sensorial. Ocorre que, ao longo do século XX, sob a influência das assim chamadas vanguardas artísticas, surgem formas "mistas", as quais se afastam da classificação unívoca de um só tipo de arte; doravante, quanto mais um gênero admite aquilo que seu contínuo não contém em si mesmo, tanto mais ele é levado a participar, criativamente, do que lhe é estranho – em vez de imitá-lo pura e simplesmente. A tensão entre linguagem discursiva e música, por exemplo, começa a ceder terreno a obras que podem ser classificadas como "oscilantes", denominadas tanto peças musicais verbalizadas quanto peças verbais musicadas. Oscilação que também se deixaria verificar nas fronteiras entre os sons e as cores. Certas orientações musicais passam a conduzir, por assim dizer, a uma reorientação da pintura, e vice versa – o que obrigaria o artista, seja ele músico ou pintor, a ampliar seu escopo. A propósito desse "entrelaçamento", Theodor W. Adorno dirá: "No desenvolvimento mais recente, as fronteiras entre os gêneros artísticos fluem umas em direção às outras, ou, mais precisamente: suas linhas de demarcação entrelaçam-se. As técnicas musicais foram evidentemente estimuladas pelas pictóricas [...] Muitas músicas tendem às artes gráficas em sua notação" (ADORNO, 1996, p. 432).

Mais do que uma simples tendência ou modismo, o estímulo a esse redimensionamento termina por alterar a própria recepção da produção artística, pois, se não for afirmar mais do que o necessário, pode-se dizer que o conceito de obra de arte achava-se, ao menos até o final do século XIX, "infectado" por prejuízos visuais, entronizados como referências cardeais e indubitáveis da apreciação estética. "A palavra [obra de arte]", comenta Gérard Lebrun a esse respeito, "designa um produto que é destinado a gerar, no receptor, um prazer puro, ou ainda: *a ser contemplado*" (LEBRUN, 2006, p. 332). Definida pelo cânone da beleza pictórica e escultural, a obra de arte parecia ter, como que por destinação, a tarefa de nos converter em meros sujeitos observadores, à espera de "coisas" a serem transformadas em objetos representáveis. E, que tal atitude albergava um certo preconceito intelectualista, prova-o a semelhança que o acolhimento estético-contemplativo guarda com o afastamento que estrutura e possibilita o dito conhecimento "objetivo" da realidade. Como bem lembra Ursula Brandstätter: "O conhecimento da realidade pressupõe distância; e esta só existe lá, onde se pode diferenciar claramente o sujeito que conhece do mundo conhecido" (BRANDSTÄTTER, 2008, p. 130).

Theodor W. **ADORNO** (1903-1969) foi um filósofo, sociólogo e compositor alemão; representante da assim chamada Escola de Frankfurt, bem como da "teoria crítica" que dela é tributária, foi um dos cofundadores do *Instituto para a pesquisa social*. Dentre suas principais obras, destacam-se: *Dialética negativa* (1966), *Teoria estética* (1970 [póstuma]) e *Dialética do esclarecimento* (1947 [junto com Max Horkheimer]). ■

Foi em vista desse distanciamento, aliás, que nós mesmos empregamos, ao longo destas páginas, expressões tais como "sob tal ótica", "nessa perspectiva", etc. Dificilmente ousaríamos dizer "sob tal sonoridade", "segundo este som", etc. É que, num certo sentido, fomos educados a associar visão e discernimento. Uma teoria, nesse sentido, não deve pretender-se apenas "correta", mas ser bem "perceptível". É preciso "mostrar", "exibir" seus resultados. Como a própria noção clássica de beleza, a confiança nas ideias parece depender da clareza e proporcionalidade de sua apresentação. É lançando um olhar totalizador sobre uma somatória de acontecimentos que nos é dado, por exemplo, escrever a sinopse de um romance. E há motivos bastantes para acreditarmos nisso. Quando dirigimos nosso olhar, digamos, à *Mona Lisa*, não vemos apenas a face de uma mulher, mas um todo discernível, conatural ao nosso ângulo de visão – formado e regulado, de antemão, pela perspectiva renascentista. Sem rupturas, o objeto impõe-se, oferecendo-se à contemplação e, simultaneamente, à nossa análise.

No entanto, as coisas mudam de figura quando o visível já não se deixa olhar a distância, com precisão e nitidez. Com o advento do cinema (do grego *kinema*: "movimento"), no início do século XX, o espectador já não se encontrará na presença de uma obra visual cujo propósito é o de mostrar uma perspectiva segura e exata do mundo. Esse desequilíbrio, devido às novas formas de recepção sensorial, foi antevisto pelo próprio Nietzsche, que sequer teve a chance de testemunhar a "sétima arte". Assim é que, comentando o drama wagneriano – cujo acúmulo de atrativos desafiava, já, um sistema perceptivo que fora educado para separar a visão da audição –, o filósofo alemão dizia:

> Quem se familiarizou com a leitura isolada do poema (linguagem!) e depois o transformou em ação com o auxílio do olho para, aí então, distinguir, compreender e aclimatar-se ao simbolismo musical, apaixonando-se por esses três passos,

---

Também conhecida como *La Gioconda*, a **MONA LISA** é a mais conhecida – e, provavelmente, a mais reproduzida – obra do mestre italiano Leonardo da Vinci (1452-1519). ■

dispõe de um prazer invulgar. Mas que tamanha exigência! Salvo por alguns pequenos momentos, porém, é impossível – porquanto demasiadamente fatigante – despender esta atenção multifária e abrangente com o olho, ouvido, entendimento e sentimento (NIETZSCHE, 1999, p. 541).

Se hoje não imputamos à arte esse déficit comunicativo, é porque palavras tais como "descontinuidade" e "fragmentação" se coadunam muito mais e melhor com a dinâmica cinética que comanda o dia a dia rodopiante nas grandes cidades. Filha da máquina, a arte cinematográfica parece estar submetida, de saída, às injunções imediatas de uma época que se abre prospectivamente para as mudanças, soterrando, em termos de sua efetividade cultural, tudo aquilo que não puder ser transfixado ou traduzido na linguagem dos novos instrumentos informacionais. Era compreensível, pois, que houvesse uma certa assimetria entre a linguagem literária e a linguagem "maquinal" do cinema. Imóvel, a palavra oferece-se a leitura e releituras. Móvel, a imagem cinematográfica não se deixa "ler" facilmente – às vezes, sequer dá tempo de contemplá-la. E aqui o melhor mesmo é ouvir comentário dos escritores a esse propósito. Assim é que, em seu artigo "O cinema", Virginia Woolf escreve:

> À primeira vista, porém, a arte do cinema aparenta ser demasiado simples e até mesmo estúpida. Vê-se o Rei dando um aperto de mão a um time de futebol; eis o iate de Sir Thomas Lipton; eis, enfim, Jack Horner vencendo o *Grand National*. Os olhos consomem tudo isso instantaneamente e o cérebro, agradavelmente excitado, põe-se a observar as coisas acontecerem sem se atarefar com nada [...] Mas qual é, pois, a sua surpresa ao ser, de repente, despertado em meio à sua agradável sonolência e chamado a prestar socorro? O olho está em apuros. Necessita de ajuda. Diz, então, ao cérebro:

Integrante do seleto grupo de Bloomsbury, Virginia **WOOLF** (1882-1941) foi uma das mais talentosas e importantes escritoras inglesas. Modernista, encontrou no assim chamado "fluxo da consciência" – técnica literária de difícil aplicação que consiste em transcrever o monólogo interior das personagens – seu mais visceral e rico estímulo artístico. ∎

> "Está ocorrendo algo que de modo algum posso entender. Tu me és necessário". Juntos olham para o Rei, o barco, o cavalo e o cérebro, de imediato, vê que eles se revestiram de uma qualidade que não pertence à mera fotografia da vida mesma" (WOOLF, 2006, p. 134).

Implicando a capacidade de deduzir, a leitura pressupõe uma decomposição abstrata, bem como operações pelas quais concluímos de um ou vários parágrafos um "sentido", uma "trama" de significados, enfim, um nexo de relações causais. Suscitando emoções e evocando o poder de induzir, o espetáculo cinematográfico apela, antes de mais nada, à experiência. "Capaz de dizer tudo antes mesmo de ter qualquer coisa a dizer" (p. 137), o cinema coloca-se, por si só, noutro trilho: naquele em que a percepção, antes da "inteligência" bem pensante, organiza e reconstrói o visível, em parte reconhecendo-se nas formas que apreende, em parte construindo aquilo que julga ver. Tomando a parte pelo todo – o *zoom* –, ou, ao contrário, logrando atingir os detalhes a partir do que é panorâmico, o desempenho perceptivo está sempre à mercê de contínuas alterações; à diferença da escrita, requer um procedimento do espírito que prossegue seu caminho a despeito dos "não ditos", das lacunas de pensamento e da falta de razões explicativas. Não nos detemos lá, onde somos convidados a refletir e analisar, porque a imagem cinematográfica condensa mais coisas do que aquilo que a visão serena e racional pode captar, interessando-nos justamente pelas sombras que, obscurecendo a visão cristalina, lançam nova luz sobre o nosso mundo sensível.

Vã, a tentativa de caracterizar o cinema como uma linguagem cuja forma essencial seria a mesma de suas manifestações por palavras teria se deixado levar por um terrível engano, a saber, que o filme e o livro se equivalem. Não por acaso, ao ponderar sobre a aliança entre cinema e literatura, Virginia Woolf dirá ainda:

> A aliança não é natural [...] O olho diz: "Aqui está Anna Karenina". De veludo negro, uma dama voluptuosa vestindo pérolas surge, pois, diante de nós. Mas o cérebro fala: "Esta não é mais Anna Karenina do que a Rainha Victoria o é". Pois o cérebro reconhece Anna quase que inteiramente por meio dos recônditos

de sua mente – seu charme, sua paixão, seu desespero. Toda ênfase é, por meio do cinema, concedida a seus dentes, a suas pérolas e a seu veludo [...] O amor consiste, aqui, num beijo. O ciúme, num copo quebrado [...] Nenhuma dessas coisas possui a mínima ligação com o romance escrito por Tolstoi e é somente quando renunciamos à tentativa de irmanar os filmes aos livros que vislumbramos [...] o que o cinema poderia realizar se este se deixasse levar pelos seus próprios operadores inventivos (p. 135).

Vigora aqui o preconceito de que as disposições internas são mais verdadeiras quando consideradas a partir dos recônditos da alma, isto é, sem referência aos motivos que as engendraram ou aos condicionamentos exteriores aos quais se vinculam. Pouco importa se a felicidade aqui se deve ao resultado da loteria ou de um reencontro há muito esperado. Toma-se por certo que não posso, a partir de gestos e signos corporais, captar os sentimentos "em abstrato". Pressupondo, porém, que a emoção não é apenas um dado psíquico isolado ou encapsulado na gélida solidão do eu, os gestos passam a fruir de uma capacidade inédita de explicitação – o que levaria ao reconhecimento de que a expressão humana tem, já de si, um sentido próprio. Se o cinema conta nos mostrar uma personagem tomada pelo sentimento de vingança, não deve tentar mostrá-lo, mediante diálogos, tentando descrever seu ressentido estado de espírito. Ele fará isso com um êxito bem maior captando as marcas externas, mostrando, digamos, o sorriso discreto de alguém que acabou de cometer um assassinato. Outra é, porém, a tática do livro. Embora possa impactar fortemente o leitor, a palavra escrita tende a ser localizada e decifrada como se tratasse de uma espécie de vestimenta tecida e talhada pela razão. É nesse sentido que ganha relevo o comentário de Jean Epstein: "O filme e o livro se opõem. O texto só fala aos sentimentos através do filtro da razão. As imagens da tela limitam-se a fluir sobre o espírito da geometria para, em seguida, atingir o espírito do refinamento" (EPSTEIN, 1983, p. 294).

Por isso mesmo, a prática das imagens cinematográficas também nos levaria a uma outra espécie de autocompreensão. Para o cinema, não é a partir da dedução lógica que remontaremos ao nosso eu profundo.

Aqui, para dar cumprimento ao "conhece-te a ti mesmo", seria preciso entrever um caminho que passa ao largo, paradoxalmente, da própria noção tradicional de identidade. Assim é que, referindo-se à Mary Pickford, a "namoradinha da América", Epstein continua seu comentário: "Incrédula, decepcionada, escandalizada, Mary Pickford chorou ao se ver na tela pela primeira vez. O que dizer, a não ser que Mary Pickford não sabia que ela era Mary Pickford [...] O cinema nos revela aspectos que nunca havíamos visto ou ouvido. A imagem da tela não é a que nos mostra o espelho ou a fotografia" (p. 300). Na sala de cinema, não captamos as coisas – e tampouco a nós mesmos – apenas com os "olhos da alma", representando mentalmente o que vemos e escutamos. Submetida a uma combinatória demasiadamente impactante de imagens, a personalidade só pode adquirir uma configuração efêmera, achatada como a imagem da tela plana e descentrada como o foco daquele que filma com a câmera na mão. O que somos, então, diante da tela cinematográfica? A essa questão, Epstein responderá: "Nada mais do que o pensamento que me toma como o produto aleatório de um longo jogo de possíveis. No feixe dessas probabilidades, cada realização do eu é apenas um grupo de oportunidades, um número de números" (p. 304).

No cinema, afinal de contas, podemos ser quase tudo: mocinho, bandido, ladrão, rei, etc. Mas, o mais fundamental, para aquilo que aqui nos importa, é o fato de que essas possibilidades podem ser apreendidas de formas diversas, já que tais representações não se deixam reduzir à homogeneidade do pensamento. E também aqui a arte cinematográfica toma distância da filosofia moderna, já que, para esta, a unidade perceptiva se relaciona à inspeção do espírito, e não ao aparato perceptivo. Que se retome, a título de ilustração, a Meditação Segunda de Descartes: "Que vejo desta janela, senão chapéus e casacos que podem cobrir espectros ou homens fictícios que se movem apenas

---

Canadense radicada nos Estados Unidos e vencedora do Oscar de *Melhor Atriz* em 1930, Mary **PICKFORD** (1892-1979) chamava-se, na verdade, Gladys Marie Smith e terminou por se tornar, ao longo de sua carreira, uma célebre feminista. ∎

por molas? Mas julgo que são homens verdadeiros e assim compreendo, somente pelo poder de julgar que reside em meu espírito, aquilo que acreditava ver com meus olhos" (DESCARTES, 1987, p. 29). Os seres que vejo ou vi subsistem em mim porque minha consciência os mantém presentes, persuadindo-me de sua atualidade; mas, em verdade, sequer foram propriamente vistos, senão que visualizados, tornados visíveis mediante o recurso do pensamento, apreendidos como se existissem somente à medida que puderam ser "imaginados". Se falamos de coisas que passam por nós, é porque nossa inteligência as reconstrói, sem ter que abarcá-las com a visão – o geômetra analítico, afinal, não precisa "ver" seus polígonos.

Motivos suficientes para afirmar que a noção tradicional de representação não se afina com a representação cinematográfica. Isso porque é justamente por meio da percepção que esta última ganha forma e conteúdo, de sorte que, constituindo-se antes mesmo da inteligência, seu sentido já estaria na superfície daquilo que vemos e escutamos. Como dirá Merleau-Ponty – a contrapelo da concepção clássica de percepção: "[...] um filme não é pensado e, sim, percebido" (MERLEAU-PONTY, 1983, p. 115). Perde peso, aqui, a concepção segundo a qual o que vemos, a título de uma mera somatória de dados visuais, depende única e exclusivamente da clareza e limpidez de nossa retina. No campo visual explorado pelo cinema, nossa percepção não se limita a fazer o registro daquilo que se acha condicionado ao específico estímulo físico-mecânico, senão que reorganiza as sensações a partir de um sistema totalizante. Inserida nesse registro, a percepção analítica do pensador que tudo divide ou do cientista que tudo disseca corresponderia, no fundo, a uma postura inconveniente e pouco espontânea. Não por acaso, o filósofo francês comenta ainda: "Minha percepção, então, não é uma soma de dados visuais, táteis ou auditivos: percebo de modo indiviso, mediante meu ser total, capto uma estrutura única da coisa, uma maneira única de existir, que fala, simultaneamente, a todos os meus sentidos" (p. 105).

No fundo, para que o turbilhonamento de luzes e sons "signifique" algo ao seu receptor, a imagem cinematográfica requer um esforço radicalmente distinto de decodificação. Em rigor, para encontrar seu público, o cinema exorta a que se abandone a crença de que todas as imagens são signos. Daí a luta sem trégua contra o posicionamento semiótico, para o qual as estruturas das representações imagéticas devem ser estudadas em analogia às estruturas das exteriorizações linguísticas, pois, se na linguagem discursiva tudo o que possui um conteúdo é um signo, nem todas as imagens pertencem, no filme, à classe dos signos. Sob a influência da câmera, o gesto como que significa aquilo que é e é aquilo que significa. Nesse sentido, dir-se-á por fim: "O sentido de uma fita está incorporado a seu ritmo, assim como o sentido de um gesto vem, nele, imediatamente legível. O filme não deseja exprimir nada além do que ele próprio" (p. 115).

Por sacrificar a imagem em nome de uma significação invisível, o código clássico de representação torna-se, aqui, praticamente inviável. Para haver comunicação cinematográfica, não basta interpretar aquilo que surge na tela como se tratasse da presença imagética de conteúdos próprios ao diálogo convencional, discursiva e verbalmente entabulado. Revelador disso é um outro comentário de Virginia Woolf, do qual nos valemos uma vez mais:

> Dias atrás, por exemplo, numa exibição do Dr. Caligari, uma sombra com o formato de girino surgiu, de súbito, num dos cantos da tela. Dilatou-se ao extremo, estremeceu-se, abaulou-se e, então, afundou novamente na nulidade [...] Por alguns instantes, tudo se passava como se o pensamento pudesse ser comunicado de maneira mais eficaz por meio de formas do que por palavras. O monstruoso girino pareceu ser, ele mesmo, o medo, e não o enunciado: "tenho medo" (WOOLF, 2006, p. 135).

No cinema, o terror possui, além de suas formas comuns, o formato de um girino. Ora, se uma sombra é capaz de induzir muito mais do que as palavras de alguém que vive uma situação de medo, a eficácia do cinema estaria no fato de que, nele, a raiva não é meramente palavreado oco e discurso retórico, mas, como dirá a escritora inglesa, "faces vermelhas e punhos cerrados" (p. 136). É bem verdade que, veiculando imagens, e não "fatos" narrados, o cinema não deixa de invocar os paradoxos do próprio domínio imagético. Afinal, por mais reais que eles sejam, tais punhos jamais nos acertarão. Diante da

FIGURA 12.
Cartaz do filme *O gabinete do Dr. Caligari*, de 1921 (autor desconhecido).

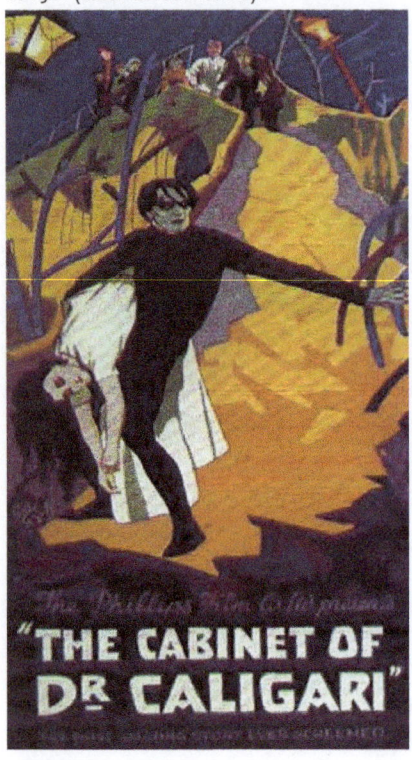

tela, o cavalo não nos derrubará e tampouco a onda molhará nossos pés. Irreal, o objeto imagético existe apenas fora do tempo e do espaço. A diferença com a semiótica é clara: o "girino" esfumaçante entrevisto pela escritora inglesa pode ser visto, já o conteúdo da palavra "medo" não. No filme, o característico de uma sequência de imagens não é o fato de ela não ser perceptível tal como uma sucessão "real", mas ser efetivamente perceptível a despeito de sua irrealidade.

Nesse sentido, o filme acima aludido é extremamente bem-vindo. *O gabinete do Dr. Caligari* (1919/1920), o primeiro e provavelmente mais famoso exemplo do cinema expressionista alemão, é lapidar quanto à criação de realidades bizarras e artificiais (Figura 12). Desconcertante, o jogo entre luz e sombra não serve, aqui, apenas como pano de fundo, senão que é parte integrante das prescrições dramáticas, substituindo a figura dos atores inclusive – o momento do segundo assassinato, diga-se de passagem, é encenado mediante a projeção sombria de uma punhalada sobre a parede de um quarto. Sua decoração oblíqua e cubista, suas ruas estreitas e acantoadas, seus interiores entrecortados e deformados convidam os espectadores a empreender uma experiência visionária, que amplia a visão do âmbito infraconsciente, porque reduz a visibilidade e aumenta a exploração onírica, minimizando a tutelagem do olhar lógico e previsível. E enganar-se-ia quem visse, nessa exploração abstrata do cinema expressionista, um cômodo expediente cenográfico, o qual, na falta de outros recursos, recorre àquilo que está à disposição. "Seu cenário pintado", explica-nos Peter Beicken, "não era vantajoso apenas por razões de custo, senão que constituía a expressão de uma concepção, a qual tenciona apresentar a realidade como algo desintegrado. O oblíquo-angular, o desfigurado e descentralizado dava um choque no espectador" (BEICKEN, 2004, p. 101).

Hoje em dia, é claro, há outras maneiras de ocasionar tal choque. Produzidos para a observação rápida e provocante, certos videoclipes valem-se da velocidade como meio para deformar o próprio sentido que contam veicular. As rajadas de luz possibilitam ver, mas não "ler" o visível, de sorte que o receptor já não vê as imagens como signos de algo, mas somente imagens que *poderiam* referir-se a algo, mas que, no momento, ele ainda não se encontra em condições de esgotar seu sentido. Tais sinais, como dirá Lambert Wiesing: "Conhece-se algo semelhante em matemática; também aqui o significado é apresentado como uma mera possibilidade. A fórmula algébrica 'a + b = c' não significa nada em si, mas, em sua virtualidade, torna-se potencialidade para uma significação que ela virá a assumir, desde que as variáveis sejam substituídas por sinais plenos de sentido" (WIESING, 1998, p. 100).

E que não se impute a esse tipo de recepção a marca do "feio" ou do "inestético". Seria melhor dizer que o cinema nos leva a redimensionar nossa relação com a sensibilidade em geral. A diferença é que, doravante, esta última já não nos convidará a refletir, passivamente, sobre as obras de arte, mas a organizar um mundo que se tornou vertiginosamente rápido e chocante. Para que ir ao cinema? Para descobrir até onde podemos sobreviver, como seres sensíveis e inventivos, a formas que a sociedade industrial nos delegou. Assim, em vez de incentivar lamúrias apocalípticas sobre a decadência da venerável arte ocidental, sobre a definitiva perda de sua "aura", talvez fosse mais indicado retomar a posição de Walter Benjamin, que, a esse respeito, diz com muito acerto: "Nossos cafés e nossas ruas, nossos escritórios e nossos quartos alugados, nossas

---

Walter **BENJAMIN** (1892-1940) foi um filósofo alemão; teórico da arte e da sociedade, é autor de obras e escritos fundamentais, tais como, por exemplo: *A origem do drama barroco alemão* (1928), *Rua de mão única* (1928) e *A obra de arte na era de sua reprodutibilidade técnica* (1935). ∎

estações e nossas fábricas pareciam aprisionar-nos inapelavelmente. Veio então o cinema, que fez explodir esse universo carcerário com a dinamite dos seus décimos de segundo" (BENJAMIM, 1994, p. 189).

Yes, nós temos Estética

Não faltam, em nosso país, trabalhos de excelência e estudos qualificados em Estética. Seria, porém, inexequível traçar um mapa completo de todos os esforços despendidos nessa área, e, mesmo que possível, ainda assim cometeríamos algum tipo de injustiça. De Belém (PA), Fortaleza (CE), Belo Horizonte (MG), Rio de Janeiro (RJ), São Paulo (SP) e Porto Alegre (RS) elevam-se, por certo, referências teóricas de suma importância. Mas, por razões estratégicas, trataremos de nos colocar à escuta de apenas duas vozes, as quais, embora sempre atuais, já não se encontram entre nós: são as de Mário de Andrade e Gerd Bornheim. Distantes no tempo e portadores de orientações teóricas distintas, ambos colocam, cada qual ao seu modo, um problema comum: como conciliar, na arte e no pensamento, o "europeu" e o "brasileiro", o "cosmopolita" e o "regional", a "alteridade" e a "identidade". Antes, porém, de precisar os respectivos lugares de fala de cada um deles, cumpre lidar com um problema de fundo: em que medida é possível falar de uma filosofia da arte "brasileira"? Afinal, com o advento de uma estética nacional, o ideal de universalidade inerente à filosofia não se encontraria fatalmente violentado?

Sob a ótica nacionalista, a Estética seria então pensada como a expressão de uma alma naturalmente brasileira, a qual, deitando raízes num solo "nativo", permaneceria mais ou menos imutável ao longo

---

Profundo conhecedor da música e das artes plásticas, **MÁRIO DE ANDRADE** (1893-1945) foi escritor, poeta e romancista, figurando, de resto, como uma das espinhas dorsais de nosso modernismo. Mostrou-se, antes de mais nada, um pesquisador incansável da vida cultural brasileira, deixando-nos escritos seminais no âmbito da crítica de arte e, sobretudo, na esfera da literatura, como, por exemplo, *Pauliceia desvairada* (1922), *Amar, verbo intransitivo* (1927) e *Macunaíma* (1928). ∎

de sua marcha pela nação. Nesse caso, os artistas surgiriam e desapareceriam conforme a ordem do tempo cronológico, mas o espírito nacional continuaria o mesmo de acordo com a lógica imutável de seu princípio identitário, como uma espécie de laço indesatável de uma comunidade de origem – encontrando sua matriz primitiva no legado colonial inclusive. Para evitar, no entanto, uma visão unilateral e até mesmo ufanista – a qual culminaria, ao fim e ao cabo, no acirrado embate entre "metrópole" e "colônia" –, talvez fosse mais prudente operar, aqui, uma distinção conceitual entre a manifestação estético-filosófica brasileira e a filosofia da arte propriamente dita. Esta última, afinal de contas, teria de significar algo a mais do que uma coleção de obras regionalmente localizadas, definidas a partir de uma suposta conaturalidade original ou uma pretensa proximidade de berço entre obras e países. Como diz Schelling, em sua *Filosofia da arte*: "O acréscimo 'arte' em 'filosofia da arte' apenas restringe, mas não suprime, o conceito universal de filosofia" (SCHELLING, 2001, p. 27). Não é a arte, já de si universal, que deve adaptar-se à Estética que "nós" temos, senão que somos nós, que aqui vivemos e trabalhamos, que temos de reconhecer nosso espírito artístico – certamente singular, mas não eterno e incorruptível.

É bem verdade que essa relação não é tão flexível assim, pois, se o ato de adquirir autovaloração a partir da negação do outro acarreta o perigo do isolamento e supervaloração de si, o esquecimento daquilo que nos distingue implica a aceitação impensada e subalterna do estrangeiro, como se a coesão de nosso discurso estético só pudesse vir "de fora". Tal déficit decerto não escapou a alguns historiadores. O

Nascido em Caxias do Sul (RS), Gerd **BORNHEIM** (1929-2002) foi um de nossos mais originais filósofos e críticos de arte. Professor livre-docente, acabou formando toda uma geração de estudiosos e intelectuais; profundo conhecedor do mundo grego, movia-se com cuidado e critério pela história do teatro, sua grande paixão. Evitando separar a arte do plano que designa a ação humana, deixou-nos trabalhos a um só tempo técnicos e viscerais: *Páginas de filosofia da arte*, *Brecht: a estética do teatro*, *Dialética, teoria e práxis*, *Sartre: metafísica e existencialismo* e *Metafísica e finitude*. ■

próprio José Antonio Tobias, em sua *História das idéias estéticas no Brasil*, adverte-nos que os estetas brasileiros são "levados, de um lado, a supervalorizar e a imitar servilmente tudo o que é ou parece estrangeiro e, por outro lado, por um instinto, bem próprio de país novo, a minimizar o que é seu, o que é brasileiro" (TOBIAS, 1967, p. 18). Qual uma criança diante de um adulto, à espera da palavra final sobre um determinado assunto, o esteta brasileiro dançaria, sob tal perspectiva, a música que lhe é imposta. Em verdade, e apesar da distinção que fizemos no parágrafo anterior, o melhor mesmo seria assumir que vivemos e pensamos de um modo "invertido". Ou, para trazer à tona

FIGURA 13.
Mário de Andrade (sentado, ao centro) durante a "Semana de 22".

o paradigmático posicionamento de Bento Prado Jr.: "Aqui, a coruja de Minerva levanta vôo ao amanhecer" (PRADO JR., 2000, p. 156). A reflexão sobre a arte no Brasil antecederia, nesse sentido, a própria existência de uma filosofia da arte nacional. Com isso diante dos olhos, vejamos resumidamente aquilo que o autor de *Macunaíma* reservaria ao esteta "brasileiro".

Inexiste, como se sabe, um sistema estético plenamente acabado na obra de Mário de Andrade (Figura 13). Mas seus escritos não deixam de revelar, em função disso, um pródigo horizonte reflexivo, excelente para fazer germinar a questão acerca de uma Estética "nacional". Afinal, tratar-se-ia, aqui, de levar a cabo um ousado projeto: o de reivindicar uma nova frente de influência artística a partir de um redescobrimento das fontes profundas de nossa vida cultural, a qual, em rigor, ainda não havia sido suficientemente explorada pelos próprios nacionalistas.

Contudo, redescobrir um Brasil menos pitoresco e mais autêntico, visto pela primeira vez "a céu aberto", comporta alguns riscos. Implica, não raro, pôr à prova fantasias nascidas e ambientadas no Sudeste do país. Mais até. Exige o contato direto com um objeto não "europeizado" de análise, e, por conseguinte, o reencontro impactante, mas inevitável consigo mesmo. Ainda que mais honesta, tal via de acesso não estará isenta, porém, de certas idealizações. Como o próprio escritor paulistano dirá: "A primeira vez que vi a vitória-régia no seu habitat verdadeiro, foi na lagoa do Amanium, formada por um dos igarapés do rio Negro, na vizinhança de Manaus. Tive uma impressão que não se apaga mais. Primeiro foi a boniteza que me idealizou [...] Não achei possível se comparar essa flor com outra nenhuma. Perfeição absoluta de forma" (ANDRADE, 1976, p. 184).

A atitude preventiva de se defender contra os clichês e estereótipos estrangeiros não deve, porém, converter-se na pregação cega dos valores locais – o que levaria, no limite, à mera inversão do dualismo a ser combatido. O nacionalista, em prol de seus exageros, muitas vezes acaba confundindo tradição com fanatismo patriótico, substituindo o impulso à autoafirmação pela simples detração da alteridade. Acerca dessa "faca de dois gumes", no fio da qual Mário de Andrade tinha de se mover, Gilda de Mello e Souza comenta: "Em 22, o grupo a que

---

Mais conhecida como "Semana de 22", a "**SEMANA DE ARTE MODERNA**" aconteceu no Teatro Municipal de São Paulo nos dias 13, 15 e 17 de fevereiro de 1922. Implicando o questionamento radical dos antigos modelos e cânones da beleza, o evento representou uma verdadeira inflexão na história da arte brasileira, alterando em profundidade o caminho que até então trilhavam músicos, poetas, escritores, pintores e escultores. Atentos às vanguardas líricas e afirmativas que sacudiam a Europa nas primeiras décadas do século XX, os protagonistas da "Semana de 22" – da qual constavam, entre outros, Anita Malfatti, Di Cavalcanti, Victor Brecheret, Mário de Andrade, Oswald de Andrade, Sérgio Milliet, Guilherme de Almeida e Heitor Villa-Lobos – nem por isso perdiam de vista as preocupações "nacionais", voltadas à afirmação de parâmetros criativos mais avançados, capazes de levar à frente o idioma artístico já conquistado a partir de um "redescobrimento" das potencialidades culturais do país. ■

pertencia tinha exagerado a atitude modernista para que o Brasil alcançasse a Europa, corrigindo rapidamente o seu atraso artístico. Vencida esta etapa [...] impunha-se a volta à realidade brasileira e a busca, igualmente exagerada, dos traços definidores da nacionalidade" (Mello e Souza, 1980, p. 256). Como, então, ascender ao superlativo grau técnico condizente com os padrões internacionais da arte sem perder de vista o que nos é próprio, o calor regional, o "tempero" que nos diferencia e nos dá sabor?

A essa questão Mário de Andrade dedica, em boa medida, o *Ensaio sobre a música brasileira*. Sob a influência de *Macunaíma*, seu autor procede como se à tecnicidade não restasse outra chance senão a de se esgotar em seus próprios pressupostos, de sorte a fazer surgir, a partir de si, a figura de um "novo" músico. Este, embora empenhado na afirmação dos caracteres étnicos da musicalidade brasileira, continuaria fiel à universalidade da arte dos sons. Num primeiro momento, o músico tomaria sobre si a perspectiva de uma existência laboriosa, voltada ao estudo atento e dedicado – valendo-se, inclusive, do trabalho já existente e consagrado pela tradição. Mas, passado esse estágio e concedida sua parte à austeridade do método musical, não se poderia evitar o desdobramento natural e gratificante dessa rotina de aprendizado sob a forma de uma "espontaneidade" artística. A esse respeito, Paulo Sérgio Malheiros dos Santos escreve: "Em termos práticos, era preciso assimilar o folclore e trabalhá-lo dentro do idioma próprio ao compositor, em obras talvez menores, até se atingir uma naturalidade inconsciente de estilização" (Santos, 2003, p. 21). O que definiria o músico brasileiro, nesse sentido, não seria o instrumento "nativo" por ele tocado, mas sua visão de mundo, pressuposto requerido para sua atuação efetivamente artística. E quem ousaria dizer o contrário? Se fosse brasileiro só o que nasceu e cresceu no Brasil, também os cearenses não poderiam, por exemplo, utilizar a rabeca – que fora primeiramente importada para a Europa do Norte da África, e, aí então, trazida para cá. E, em verdade, a própria arte europeia seria impensável, caso o regionalismo fosse levado à risca. Como dirá Mário de Andrade: "Os franceses não podiam usar a ópera que é italiana e muito menos a forma-de-sonata que é alemã" (Andrade, 1972, p. 16).

Razão pela qual nada seria mais avesso ao espírito estético nacional do que responder ao adepto do eurocentrismo com as mesmas armas por ele utilizadas: originalidade *versus* originalidade. É claro que é preciso refutar a ideia de que passar fome em Paris "é uma coisa tão importante que enche essa parte indispensável do espírito" (ANDRADE, 1976, p. 209). Ninguém se alimenta literalmente de espírito, de modo que o ganha-pão na terra natal só pode ser visto como algo inferior à faminta vida parisiense devido a uma concepção deslumbrada, que toma por certo a excelência daquilo que vem do exterior. Mas a crítica a esse deslumbre não pode deixar de ser, ao mesmo tempo, um manifesto em glorificação à generosidade. Se, porventura, a Escola de Paris vier a bater em nossa porta, o que se tem a fazer não é enxotá-la, mas acolhê-la fraternalmente. Costume "lindo" que Mário de Andrade só foi encontrar no Nordeste brasileiro: "Vinha um sujeito de visita, entrava na casa, o fazendeiro recebia e principiava um mexe-mexe lá dentro. Depois chegava uma cria da casa, mulatinha linda: – A janta está na mesa" (p. 210). Em troca das valiosas técnicas da pintura, oferecem-se as delícias da terra: "Afinal, pensando bem, um tutu de feijão vale bem um quadro de Picasso" (p. 210).

Após a morte de Mário de Andrade, em 1945, inicia-se um progressivo enfraquecimento do nacionalismo enquanto plataforma ético-política, a ser adotada e afirmada pelo meio artístico. Com o advento de uma intensiva e rápida renovação técnica, a ideia de "intercâmbio" cultural passa a ter mais e mais importância. Já não se trata de adquirir independência à custa do outro. Este, ao contrário, surge como vetor de aprendizado. Foi preciso que um Alberto da Veiga Guignard vivesse e estudasse longamente no exterior para que, depois, ensinasse-nos

---

Pintor e retratista brasileiro, Alberto da Veiga **GUIGNARD** (1896-1962) foi aluno de Herman Groeber e Adolf Engeler na Academia de Belas Artes de Munique, na Alemanha – país em que viveu durante 22 anos. Ao lado de Cândido Portinari, talvez seja um dos maiores artistas plásticos de sua geração. Criador do curso de desenho e pintura do Instituto de Belas Artes de Belo Horizonte, encontrou nas montanhas de Ouro Preto (MG) seu principal e derradeiro estímulo. ■

o desenho com lápis duro e o trato com novas paisagens; que um Hans Joachim Koellreutter, recém-chegado da Alemanha, divulgasse o dodecafonismo entre nós, misturando-se à cor local e formando boa parte dos mais notáveis compositores brasileiros. Acumulando créditos valiosos, tal reciprocidade não pôs fim, porém, ao debate em torno da relação entre o urbano e o regional. Se o nacionalismo fora desestabilizado em termos de sua efetividade política, nem por isso o problema da diferença desapareceu por completo. Teria, ao contrário, ressurgido noutro plano: no interior mesmo da produção artística nacional. À reflexão acerca desse novo patamar dedicou-se igualmente Gerd Bornheim.

Assim é que, indagado sobre quais grupos teatrais seriam, a seu ver, os mais relevantes, ele certa vez respondeu: "Os paulistas, pois São Paulo tem um 'laboratório' muito grande. No Rio também há coisas boas. O que é fantástico no teatro brasileiro de hoje é que reflete mais ou menos com fidelidade a situação internacional" (NOBRE, 2000, p. 61). Concebendo a arte como linguagem, Gerd Bornheim acreditava que, para haver ação teatral, seria preciso partilhar um solo comum com a obra. Seja no Rio, seja em São Paulo – ou em qualquer outra

---

Aluno de Paul Hindemith e Hermann Scherchen, Hans-Joachim **KOELL-REUTTER** (1915-2005) mudou-se para o Brasil em 1937, quando passou a ensinar no Conservatório de Música do Rio de Janeiro. Amigo de Heitor Villa-Lobos e Mário de Andrade, tornou-se, aos poucos, um dos maiores e mais avançados expoentes da música no país. Fundador do grupo vanguardista Música Viva (1939), da Orquestra Sinfônica Brasileira (1940), da Escola Livre de Música de São Paulo (1952) e da Escola de Música da Universidade Federal da Bahia (1954), chegou a ganhar o prêmio Ford em 1962. Entendendo a música como uma configuração de relacionamentos, definida em termos de multidirecionalidade e multidimensionalidade, o compositor e maestro alemão sempre empreendeu uma luta sem trégua contra as concepções passadistas e retrógradas, e, em especial, contra os idiomas que pretendiam valer como o cânone do belo musical. Deixou-nos trabalhos importantíssimos, como, por exemplo: *Harmonia funcional: introdução à teoria das funções harmônicas* (1978), *Contraponto modal do século XVI (Palestrina)* (1996) e *Terminologia de uma nova estética da música* (1990). ∎

cidade –, o teatro permanece um local rumo ao qual as pessoas se dirigem para experimentar algo em conjunto. E o mesmo vale, feitas as devidas diferenças, às demais artes. Se tenciona escrever, digamos, sobre uma determinada pintura, o esteta deve colocar-se o máximo possível junto à sua raiz criativa, "como se pudesse caminhar paralelamente em relação à linguagem do quadro" (p. 60).

Sob tal perspectiva, se pretende trazer à tona os "vasos comunicantes" de uma dada produção artística, o esteta não deve ater-se àquilo que já está feito e consumado, senão que deve investigar uma espécie de afinidade eletiva que nos liga à obra, o elo que possibilita sua integração ao nosso mundo. É claro que, ao visar a esse vínculo, o qual não se oferece imediatamente à visão, mas ao nosso ser em geral, o espectador acaba opondo-se ao valor habitualmente concedido à arte. Assim é que, no ensaio "Heidegger: a questão do ser e a dialética", Gerd Bornheim assevera: "Há um tipo de crítica de arte que pretende que essa comunicação imediata estabeleça o critério básico também para o valor estético da obra de arte, destinada que estaria a atingir o maior número possível de pessoas. Tal critério revela-se essencialmente errado" (BORNHEIM, 2001, p. 208). Ora, se a obra existe apenas à medida que é colocada como objeto para um sujeito, então ela é fatalmente vitimada por um fenômeno generalizado de subjetivização e coisificação. Desde já, o construto artístico não mais se distingue, digamos, de um bem qualquer, exposto, quiçá, numa vitrine; rebaixado à condição de mera exterioridade, de "coisa" definida unicamente a partir de suas propriedades físicas, ele se abstém da tarefa de gerir a própria arte. E, com isso, somos nós que já não nos reconhecemos nesta última. Contrapondo-se ao espectador, em vez de com ele se comunicar, a obra é então conservada em sua estranheza, em seu próprio mundo objetivante, que se limita a ser visto, e não vivido...

Mas, se a arte não se reduz à condição de objeto, tampouco faria sentido dizer que sua representação tem como fundamento um sujeito único e específico, como se o teatro elizabethano só pudesse ser devidamente apreendido, digamos, por uma "mente" inglesa, ou, então, como se a dança do bumba-meu-boi só pudesse ser apreciada pelos maranhenses. Na verdade, para não confundir riqueza cultural com relativismo pós-colonialista, sempre vigiado pelo discurso do "politicamente correto", seria mais prudente acreditar, com Gerd Bornheim, que é pela disparidade e assimetria que nos será dado alcançar a universalidade própria às artes "do mundo", de sorte que, ao menos em princípio, o teatro deve condensar e praticar todas as linguagens: incentivando o surgimento de "um ator que se sinta em casa com os gregos, com os medievais, com Shakespeare, com Molière, com os românticos, com toda a diversidade da dramaturgia contemporânea" (BORNHEIM, 1983, p. 101).

Com razão, entendeu-se a identidade do subjetivo e do objetivo como *o* princípio da filosofia, mas, em geral, como uma espécie de indistinção entre ambos, ou, na melhor das hipóteses, como uma união de duas coisas opostas num terceiro elemento – em que se reuniriam na forma de uma somatória. Raramente ocorreu à tradição a ideia de manter, por assim dizer, o conflito "aceso", sem anular o antagonismo como antagonismo. "O que a obra de arte manifesta", lembra-nos o filósofo brasileiro, "é precisamente o conflito na sua condição de conflito" (BORNHEIM, 2001, p. 217). Se o momento da síntese artística foi consumado, foi porque uma visão de conjunto mais ampla relativizou as dicotomias, mas sem aniquilá-las. À arte caberia a tarefa, não de dissolver as diferenças, mas, ao contrário, de dar-lhes um mínimo de determinação, para que possam ser comunicadas sem deixar de ser o que são: múltiplas, desiguais, tensas e heterogêneas. Aprendemos então que o esteta, além de "criticar" a arte, subverte a maneira usual de ver as coisas, inserindo-as numa nova perspectiva, cumprindo "um papel essencial no ato de transformação do mundo por arrancá-lo de sua estaticidade" (p. 163). Eis aí, numa frase, a missão que Gerd Bornheim tomou sobre os ombros: tirar-nos da imobilidade. Mas, e nós? Teríamos saído dela?

Sugestões de atividades

A A partir dos quatro passos sugeridos na Apresentação, trate de explicar, com o auxílio do texto de Merleau-Ponty que se oferece à leitura logo a seguir (*vide* Textos complementares), como a prática de imagens cinematográficas conduziu a reflexão estética a reformular seus pressupostos "semióticos", levando-nos a conceber um acolhimento diferenciado das obras visuais, e, no limite, um outro tipo de sensorialidade. Sem perder de vista a ideia de que, da maneira como um acontecimento é escrito ou filmado, resultam experiências distintas, convém estimular o debate com as seguintes perguntas: já lhe ocorreu "ler" e "assistir" ao mesmo drama? Qual foi o modo de exposição que mais lhe interessou? O literário ou o cinematográfico? Peça aos alunos que justifiquem suas respostas a partir de argumentos próprios.

B Com base na alternativa metodológica anteriormente sugerida e tendo como pano de fundo a problemática relativa a uma suposta estética "nacional", convide os alunos a ler o texto de Gerd Bornheim (*vide* Textos complementares) a respeito da ligação entre fenômeno sonoro e interpretação teatral, para, aí então, a partir da riqueza linguística de nosso país e da diversidade prosódica de nossa língua materna, pensar na ideia mesma de "identidade". Experimente comparar os posicionamentos dos alunos entre si – e, se possível, entre aqueles que já tenham vivido em mais de uma região do Brasil.

Textos complementares

Maurice Merleau-Ponty

"O filme não deseja exprimir nada além do que ele próprio. A idéia fica, aqui, restituída ao estado nascente, ela emerge da estrutura temporal do filme, como, num quadro, da coexistência de suas partes. Trata-se do privilégio da arte em demonstrar como qualquer coisa passa a ter significado, não devido a alusões, a idéias já formadas e adquiridas, mas através da disposição temporal ou espacial dos elementos" (MERLEAU-PONTY, 1983, p. 115).

Gerd Bornheim

"Na arte do ator encontramos outro exemplo que permite entender o quanto a palavra persiste tributária do som. Evidentemente, seria um exagero comparar um texto dramático a uma partitura musical, mas justamente esse exagero deve ser perpetrado pelo ator, sobretudo quando se trata de poesia dramática. [...] O ator trabalha amiúde a partir da sonoridade do verso para adentrar-se gradativamente na densidade e no sentido da frase. Claro que isso nada tem a ver com a deficiência de dicção que se costuma chamar de falar cantado; trabalhando a musicalidade do texto, o ator assenhoreia-se aos poucos do ritmo da frase e consegue evitar a queda do ritmo à mecânica da rima. Precisamente o fato de que a dicção se liga de modo essencial a uma língua determinada empresta ao tratamento sonoro das sílabas – os breves e longos, os altos e baixos – o poder de explicar o sentido do texto. A interpretação do ator, se prende antes de mais nada, ao fenômeno sonoro" (BORNHEIM, 2001, p. 137).

Sugestões de leitura e filme

Livros

ANDRADE, Mário de. *O turista aprendiz*. São Paulo: Duas Cidades, 1993.

BERNARDET, Jean-Claude. *O que é cinema*. São Paulo: Brasiliense, 2004.

Filme

Macunaíma (Distribuidora: Video Filmes); trata-se de uma comédia baseada no romance homônimo de Mário de Andrade, dirigido por Joaquim Pedro de Andrade e com trilha sonora de Jards Macalé, Orestes Barbosa, Silvio Caldas e Heitor Villa-Lobos.

REFERÊNCIAS

Apresentação e Introdução

BAUMGARTEN, A. G. *Texte zur Grundlegung der Ästhetik*. Hamburg: Meiner, 1983.

BORNHEIM, Gerd. *Metafísica e finitude*. São Paulo: Perspectiva, 2001.

CANDIDO, Antonio. *Textos de intervenção*. São Paulo: Duas Cidades/Editora 34, 2002.

EISLER, Hanns. Die Dummheit des Ohrs. In: *Arbeitstexte für den Unterricht: Ästhetik*. Stuttgart: Reclam, 2007.

HUSSERL, Edmund. *Idées directrices pour une phénoménologie*. Paris: Gallimard, 1950.

MACONIE, Robin. *Stockhausen sobre música: palestras e entrevistas compiladas por Robin Maconie*. Tradução de Saulo Alencastre. São Paulo: Madras, 2009.

MATISSE, Henry. Genauigkeit ist nicht Wahrheit. In: MACHO, Thomas H.; MOSER, Manfred; ŠUBIK, Christof (Org.). *Ästhetik für die Sekundarstufe II*. Stuttgart: Reclam, 2007.

MERLEAU-PONTY, Maurice. O cinema e a nova psicologia. In: XAVIER, Ismail (Org.). *A experiência do cinema*. Rio de Janeiro: Graal, 1983.

SCHELLING, F. W. J. *Ideias para uma filosofia da natureza*. Tradução de Carlos Morujão. Lisboa: INCM, 2001.

PLATÃO. *A República*. Tradução de Carlos Alberto Nunes. Belém: EDUFPA, 2000.

ST. AUGUSTINE. *Confessions*. Chicago: Encyclopaedia Britannica Inc., 1980.

WIESING, Lambert. Sind Bilder Zeichen? In: SACHS-HOMBACH, K.; Rehkamper, K. (Org.). *Bild, Bildwahrnehmung, Bildverarbeitung*. Wiesbaden: DUV, 1998.

Capítulo 1

ARISTÓTELES. *Ética a Nicômaco*. Tradução de Leonel Vallandro e Gerd Bornheim. In: OS PENSADORES. São Paulo: Abril Cultural, 1984.

ARISTÓTELES. *Poética*. Tradução de Eudoro de Souza. São Paulo: Ars Poetica, 1993.

ARISTÓTELES. *Política*. Mário da Gama Kury. Brasília: Editora UnB, 1997.

ARISTÓTELES. *Physics*. Tradução de Robin Waterfield. Oxford: Oxford University Press, 1999.

BÜTTNER, Stefan. *Antike Ästhetik*. Munique: Beck Verlag, 2006.

GOETHE, Johann Wolfgang. *Suplemento à* Poética *de Aristóteles*. Tradução de Oliver Tolle. *Trans/Form/Ação*, Marília, n. 1, v. 23, 2000.

NIETZSCHE, Friedrich. *Ecce homo*. Berlim/Nova York: Walter de Gruyter, 1999.

PLATÃO. *Oeuvres complètes*. Paris: Les Belles Lettres, 1921. v. II.

PLATÃO. *A República*. Tradução de Carlos Alberto Nunes. Belém: EDUFPA, 2000.

PETRELLI, Humberto Zanardo. *Íon de Platão: ensaio introdutório, texto original, tradução e comentário crítico*. Dissertação (Mestrado) – FFLCH, Universidade de São Paulo, São Paulo, 2002.

WOLFF, Francis. *Sócrates*. Tradução de Franklin Leopoldo e Silva. São Paulo: Brasiliense, 1982.

Capítulo 2

ALBERTI, Leon Battista. *Da pintura*. Tradução de Antonio da Silveira Mendonça. Campinas: Editora da Unicamp, 2009.

BRANDSTÄTTER, Ursula. *Grundfragen der Ästhetik*. Köln: Böhlau Verlag, 2008.

HUME, David. *Textos selecionados*. Tradução de Rubens Rodrigues Torres Filhos. São Paulo: Abril Cultural, 1984.

HUME, David. *Ensaios morais, políticos e literários*. Tradução de João Paulo Gomes Monteiro e Armando Mora D'Oliveira. São Paulo: Nova Cultural, 1992.

HUME, David. *Crítica da razão pura*. Tradução de Valério Rohden e Udo Baldur Moosburger. São Paulo: Nova Cultural, 1996.

HUME, David. *Crítica da razão prática*. Tradução de Valério Rohden. São Paulo: Martins Fontes, 2002.

KANT, I. *Crítica da faculdade do juízo*. Tradução de Valério Rohden e António Marques. Rio de Janeiro: Forense Universitária, 2008.

LEBRUN, Gérard. *Kant e o fim da metafísica*. Tradução de Carlos Alberto Ribeiro de Moura. São Paulo: Martins Fontes, 1993.

Capítulo 3

CASSIRER, Ernst. *A filosofia do iluminismo*. Tradução de Álvaro Cabral. Campinas: Editora da Unicamp, 1997.

DANTO, Arthur C. *Após o fim da arte: a arte contemporânea e os limites da história*. Tradução de Saulo Krieger. São Paulo: Odysseus, 2006.

GETHMANN-SIEFERT, Annemarie. *Einführung in Hegels Ästhetik*. Munique: Fink Verlag, 2005.

HEGEL, G. W. F. *Werke (in 20 Bänden)*. Frankfurt am Main: Suhrkamp, 1986. v. XIII.

HEGEL, G. W. F. *Phänomenologie des Geistes*. Köln: Könemann, 2000.

HEGEL, G. W. F. *Cursos de estética I*. Tradução de Marco Aurélio Werle. São Paulo: Edusp, 2001.

HEGEL, G. W. F. *Cursos de estética III*. Tradução de Marco Aurélio Werle e Oliver Tolle. São Paulo: Edusp, 2002.

HYPPOLITE, Jean. *Gênese e estrutura da Fenomenologia do espírito de Hegel*. São Paulo: Discurso Editorial, 1999.

SCHELLING, F. W. J. v. *Schellings sämtliche Werke*. Edição organizada por K. F. A. Schelling. Stuttgart: Cotta, 1861. v. III.

SCHELLING, F. W. J. v. *Filosofia da arte*. Tradução de Márcio Susuki. São Paulo: Edusp, 2001a.

SCHELLING, F. W. J. v. *Ideias para uma filosofia da natureza*. Tradução de Carlos Morujão. Lisboa: INCM, 2001b.

SCHELLING, F. W. J. v. *Texte zur Philosophie der Kunst*. Stuttgart: Reclam, 2004.

Capítulo 4

BEHR, Shulamith. *Expressionismo*. Tradução de Rodrigo Lacerda. São Paulo: Cosac Naify, 2001.

BLANNING, Tim. *O triunfo da música*: a ascensão dos compositores, dos músicos e de sua arte. Tradução de Ivo Korytowski. São Paulo: Cia. das Letras, 2011.

BRANDSTÄTTER, Ursula. *Grundfragen der Ästhetik*. Köln: Böhlau Verlag, 2008.

DUNCAN, Isadora. *Fragmentos autobiográficos*. Tradução de Lya Luft. Porto Alegre: L&PM, 1996.

KANT, I. *Textos selecionados*. Tradução de Rubens Rodrigues Torres Filho. São Paulo: Abril Cultural, 1984.

NIETZSCHE, Friedrich. *Obras incompletas*. Tradução de Rubens Rodrigues Torres Filho. São Paulo: Abril Cultural, 1983.

NIETZSCHE, Friedrich. *Além do bem e do mal*. Tradução de Paulo César de Souza. São Paulo: Cia. das Letras, 1992a.

NIETZSCHE, Friedrich. *O nascimento da tragédia*. Tradução de J. Guinsburg. São Paulo: Cia. das Letras, 1992b.

NIETZSCHE, Friedrich. *Menschliches, Allzumenschliches II*. Berlim/Nova York: Walter de Gruyter, 1999a.

NIETZSCHE, Friedrich. *Nachlass 1875-1879*. Berlim/Nova York: Walter de Gruyter, 1999b.

NIETZSCHE, Friedrich. *Ecce homo*. Berlim/Nova York: Walter de Gruyter, 1999c.

NIETZSCHE, Friedrich. *Also sprach Zarathustra*. Berlim/Nova York: Walter de Gruyter, 1999d.

NIETZSCHE, Friedrich. *Menschliches, Allzumenschliches*. Berlim/Nova York: Walter de Gruyter, 1999e.

NIETZSCHE, Friedrich. *Zur Genealogie der Moral*. Berlim/Nova York: Walter de Gruyter, 1999f.

SCHOPENHAUER, Arthur. *Die Welt als Wille und Vorstellung I*. Frankfurt am Main: Suhrkamp, 1986a.

SCHOPENHAUER, Arthur. *Die Welt als Wille und Vorstellung II*. Frankfurt am Main: Suhrkamp, 1986b.

SCHOPENHAUER, Arthur. *O mundo como vontade e representação*. Tradução de M. F. Sá Correia. Rio de Janeiro: Contraponto, 2001.

SCHOPENHAUER, Arthur. *Metafísica do belo*. Tradução de Jair Barbosa. São Paulo: Editora Unesp, 2003.

Capítulo 5

ADORNO, Th. W. Die kunst und die künste. In: *Gesammelte schriften 10.1: Prismen-Ohne Leitbild*. Frankfurt am Main: Suhrkamp, 1996.

ANDRADE, Mário de. *Ensaio sobre a música brasileira.* São Paulo: Martins, 1972.

ANDRADE, Mário de. *Táxi e crônicas do Diário Nacional.* São Paulo: Duas Cidades, 1976.

BEICKEN, Peter. *Wie interpretiert man einen Film?* Stuttgart: Reclam, 2004.

BENJAMIN, Walter. *Magia e técnica, arte e política: ensaios sobre literatura e história da cultura.* Tradução de Sergio Paulo Rouanet. São Paulo: Brasiliense, 1994.

BORNHEIM, Gerd. *Teatro: a cena dividida.* Porto Alegre: L&PM, 1983.

BORNHEIM, Gerd. *Metafísica e finitude.* São Paulo: Perspectiva, 2001.

BRANDSTÄTTER, Ursula. *Grundfragen der Ästhetik.* Köln: Böhlau Verlag, 2008.

DESCARTES, René. *Meditações.* Tradução de Bento Prado Junior. São Paulo: Nova Cultural, 1987.

EPSTEIN, Jean. O cinema do diabo. In: XAVIER, Ismail (Org.). *A experiência do cinema.* Rio de Janeiro: Graal, 1983.

LEBRUN, Gérard. *A filosofia e sua história.* São Paulo: Cosac Naify, 2006.

MELLO E SOUZA, Gilda. *Exercícios de leitura.* São Paulo: Duas Cidades, 1980.

MERLEAU-PONTY, Maurice. O cinema e a nova psicologia. In: XAVIER, Ismail (Org.). *A experiência do cinema.* Rio de Janeiro: Graal, 1983.

NIETZSCHE, Friedrich. *Nachlass 1875-1879.* Berlim/Nova York: Walter de Gruyter, 1999.

NOBRE, Marcos. *Conversas com filósofos brasileiros.* São Paulo: Editora 34, 2000.

PRADO JR., Bento. *Alguns ensaios.* São Paulo: Paz e Terra, 2000.

SANTOS, Paulo Sérgio Malheiros dos. *Músico, doce músico.* Belo Horizonte: Editora UFMG, 2003.

SCHELLING, F. W. J. v. *Filosofia da arte.* Tradução de Márcio Susuki. São Paulo: Edusp, 2001.

TOBIAS, José Antonio. *História das idéias estéticas no Brasil.* São Paulo: Edusp, 1967.

WIESING, Lambert. Sind Bilder Zeichen? In: SACHS-HOMBACH, K.; REHKAMPER, K. (Org.). *Bild, Bildwahrnehmung, Bildverarbeitung.* Wiesbaden: DUV, 1998.

WOOLF, Virginia. O cinema. Tradução de Fernando R. de Moraes Barros. *Rapsódia – Almanaque de Filosofia e Arte*, Departamento de Filosofia da USP, n. 3, 2006.

LISTA DE FIGURAS

Figura 1 – Quatro autorretratos de Henri Matisse (1869-1954), de 1939. Assim como o comentário do artista francês apresentado na Introdução, os quatro desenhos são reproduzidos em MATISSE, Henry. *Genauigkeit ist nicht Wahrheit*. In: MACHO, Thomas H.; MOSER, Manfred; ŠUBIK, Christof (Org.) *Ästhetik für die Sekundarstufe II*. Stuttgart: Reclam, 2007. Imagem acha-se igualmente disponível em <http://www.popwars.com/blog/tag/matisse/> ou <http://tumblr.austinkleon.com/post/128743342>.

Figura 2 – *O cavaleiro, a morte e o diabo* (1513), gravura em metal de Albrecht Dürer (Rotterdam, Museum Boijmans van Beuningen). Imagem de domínio público e disponível em: <http://pt.wikipedia.org/wiki/Ficheiro:Knight-Death-and-the-Devil.jpg>.

Figura 3 – Busto de Sócrates no Museu do Vaticano. Imagem de domínio público (Autor: Wilson Delgado) e disponível em: <http://pt.wikipedia.org/wiki/Ficheiro:Vatsoc.jpg>.

Figura 4 – *Édipo e a esfinge* (1864), pintura a óleo de Gustave Moreau (1826-1898), pertencente ao acervo do *Metropolitan Museum of Art*. Imagem de domínio público e disponível em: <http://pt.wikipedia.org/wiki/Ficheiro:Gustave_Moreau_005.jpg>.

Figura 5 – Sancho Panza, após contar o episódio do barril de vinho. Desenho de Gustave Doré (1832-1883). Ilustração pertencente ao domínio público e disponível em: <http://www.doreillustrations.com/donquixote/dore-quixote190.html>.

Figura 6 – *Noite Santa* (1528-30 [*Gemäldegalerie*, Dresden]), de Corregio (Antonio Allegri [1489-1534]). Imagem de domínio público e disponível em: <http://en.wikipedia.org/wiki/File:Correggio_004.jpg>.

Figura 7 – *Músico errante* (1648 [Museu Hermitage, São Petersburgo]), de Adriaen van Ostade (1610-1685). Imagem de domínio público e disponível em: <http://commons.wikimedia.org/wiki/File:Adriaen_van_Ostade_035.jpg?uselang=pt>.

Figura 8 – Fontana de Trevi, em Roma. Foto de David Iliff, de uso comum e público. Disponível em: <http://pt.wikipedia.org/wiki/Ficheiro:Trevi_Fountain,_Rome,_Italy_2_-_May_2007.jpg>.

Figura 9 – Retrato de Beethoven com a partitura da Missa Solemnis (*Beethoven-Haus*), de autoria de Joseph Karl Stieler (1781-1858). Imagem de domínio público e disponível em: <http://pt.wikipedia.org/wiki/Ficheiro:Beethoven.jpg>.

Figura 10 – Retrato de Frédéric Chopin (1838 [Museu do Louvre]), por Eugène Delacroix (1798-1863). Imagem de domínio público e disponível em: <http://fr.wikipedia.org/wiki/Fichier:Eug%C3%A8ne_Ferdinand_Victor_Delacroix_043.jpg>.

Figura 11 – Isadora Duncan (1878-1927), em foto de Arnold Genthe (1869-1942). Imagem de domínio público e disponível em: <http://pt.wikipedia.org/wiki/Ficheiro:Isadora_duncan.jpg>.

Figura 12 – Cartaz do filme *O gabinete do Dr. Caligari*, de 1921 (autor desconhecido). Imagem de domínio público e disponível em: <http://pt.wikipedia.org/wiki/Ficheiro:CABINETOFDRCALIGARI-poster.jpg>.

Figura 13 – Mário de Andrade (sentado, ao centro) durante a "Semana de 22". Imagem de domínio público e disponível em: <http://pt.wikipedia.org/wiki/Ficheiro:Arte-moderna-1922.jpg>.

Este livro foi composto com tipografia Bembo e impresso
em papel Offset 90 g na Formato Artes Gráficas.